工伤保险普法知识学习手册丛书

工伤保险待遇知识学习手册

主　编◎佟瑞鹏　李聪聪
副主编◎张培森　李昕阳

中国劳动社会保障出版社

图书在版编目（CIP）数据

工伤保险待遇知识学习手册 / 佟瑞鹏，李聪聪主编.
北京：中国劳动社会保障出版社，2025. --（工伤保险普法知识学习手册丛书）. -- ISBN 978-7-5167-7031-3
Ⅰ. D922.55-62
中国国家版本馆 CIP 数据核字第 2025X8P325 号

工伤保险待遇知识学习手册
GONGSHANG BAOXIAN DAIYU ZHISHI XUEXI SHOUCE

中国劳动社会保障出版社出版发行
（北京市惠新东街 1 号　邮政编码：100029）

*

北京盛通印刷股份有限公司印刷装订　　新华书店经销
880 毫米 ×1230 毫米　32 开本　4.125 印张　88 千字
2025 年 6 月第 1 版　2025 年 6 月第 1 次印刷
定价：16.00 元

营销中心电话：400-606-6496
出版社网址：https://www.class.com.cn

版权专有　　侵权必究

如有印装差错，请与本社联系调换：（010）81211666
我社将与版权执法机关配合，大力打击盗印、销售和使用盗版图书活动，敬请广大读者协助举报，经查实将给予举报者奖励。
举报电话：（010）64954652

内容简介
INTRODUCTION

工伤保险作为我国社会保障体系的重要组成部分,不仅保障了职工权益,更进一步分散了用人单位所承担的风险,并促进了企业的安全生产,是维护社会稳定的重要举措。因此,加强工伤保险普法,对于帮助劳动者了解自身权利、提升企业社会责任以及推动社会和谐发展都具有深远的意义。

本书作为"工伤保险普法知识学习手册丛书"之一,旨在进一步深化对工伤保险法律知识的理解和应用。本书内容聚焦于工伤保险待遇的具体内容及其实施、特殊群体的工伤保险问题,以及工伤保险争议的处理,具体介绍了工伤保险基本概念和法律体系,并详细列举了关于职工工伤的具体待遇、特殊情况下的工伤保险待遇,以及特殊群体与争议处理等法律内容。

本书以知识点的方式进行内容设计,配以原创漫画插图,使得复杂的法律知识变得生动直观、易于理解,适合用人单位的相关管理人员、工伤保险从业人员,特别是广大职工群众阅读,可用于工伤保险集中宣传培训使用。

目 录
CONTENTS

第 1 章　工伤保险概述 /1
1. 工伤的定义 /1
2. 工伤保险的定义 /2
3. 工伤保险的作用 /2
4. 工伤保险的特点 /3
5. 工伤保险的原则 /5
6. 工伤保险的"三位一体"制度 /6
7. 工伤预防的内容与作用 /7
8. 工伤补偿的范围 /7
9. 工伤康复的作用与内容 /10

第 2 章　工伤保险基本概念 /13
10. 社会保险基本概念 /13
11. 工伤保险基金及费率相关概念 /15
12. 工伤预防相关概念 /16
13. 工伤认定相关概念 /17
14. 劳动能力鉴定相关概念 /18
15. 职业病诊断相关概念 /19

16. 工伤康复相关概念 /21

17. 工伤保险待遇相关概念 /22

18. 工伤保险服务管理相关概念 /24

第3章 工伤保险法律体系 /27

19. 我国工伤保险法治 /27

20. 工伤保险相关政策 /30

21. 工伤保险相关法律 /34

22. 工伤保险相关法规 /38

23. 工伤保险相关规章制度 /39

24. 工伤保险相关标准规范 /43

第4章 职工工伤具体待遇 /47

25. 遭受工伤的医疗待遇 /47

26. 工伤保险诊疗项目 /50

27. 工伤保险药品目录 /52

28. 辅助器具配置 /54

29. 职业康复 /57

30. 心理康复 /60

31. 生活自理障碍等级划分 /62

32. 劳动功能障碍等级划分 /64

33. 生活护理待遇 /66

34. 一级至四级伤残职工工伤保险待遇 /67

35. 五级至六级伤残职工工伤保险待遇 /69

36. 七级至十级伤残职工工伤保险待遇 /71

37. 因工死亡待遇 /73

38. 下落不明的工伤保险待遇 /74

39. 停止享受工伤保险待遇的情形 /76

40. 工伤保险待遇调整 /78

第 5 章　特殊情况下的工伤保险待遇 /81

41. 行政复议、行政诉讼期间工伤医疗费用 /81

42. 工伤治疗期间待遇 /82

43. 停工留薪期间待遇 /84

44. 被派遣出境期间的工伤保险待遇 /86

45. 第三人侵权造成工伤的工伤保险待遇 /87

46. 与多个单位同时存在劳动关系的工伤保险待遇 /90

47. 抢险救灾等公共利益活动中受伤的工伤保险待遇 /92

48. 工伤复发待遇 /94

49. 职工再次发生工伤的待遇 /95

50. 特殊情况下的工伤认定期限延长 /96

第 6 章　特殊群体工伤保险待遇与争议处理 /101

51. 非法用工工伤保险待遇 /101

52. 非全日制用工工伤保险待遇 /103

53. 实习生用工工伤保险待遇 /105

54. 新就业形态就业人员职业伤害保障待遇 /105

55. 超龄劳动者工伤保障待遇 /108

56. 旧伤复发退役军人工伤保险待遇 /109

57. 职工与用人单位发生工伤保险待遇争议的处理 /112

58. 未参加工伤保险的用人单位职工工伤处理 /114

59. 被借调职工工伤处理 /116

60. 骗取工伤保险待遇及骗取工伤保险基金支出的法律责任 /119

第1章 工伤保险概述

1. 工伤的定义

工伤，亦称职业伤害、工作伤害。"工伤"一词的规范化表述来自1921年国际劳工大会通过的公约，该公约认为，工作直接或间接引起的事故为工伤。1964年第48届国际劳工大会通过的公约规定工伤补偿应将职业病和上下班途中交通事故包括在内。

我国国家标准《社会保险术语 第5部分：工伤保险》（GB/T 31596.5—2015）将"工伤"定义为"职工因工作遭受事故伤害或患职业病"。

2. 工伤保险的定义

工伤保险是国家立法实施的，通过用人单位筹资形成基金，对职工因工作原因遭受事故伤害或患职业病的，给予职工本人及其近亲属相应待遇的一项社会保险制度。

早期的工伤保险实际上是"工伤赔偿"，即职工因工导致伤残、疾病或死亡时，对职工本人或其供养亲属给予经济赔偿和提供物质帮助的一种社会保险制度。随着社会的发展，工伤保险的功能不断完善。现代意义上的工伤保险，不仅包括保障因工作遭受事故伤害或患职业病的职工获得医疗救治和经济补偿，而且包括促进企业安全生产，降低企业工伤事故及职业病发生率，并通过现代康复手段，使工伤职工尽快恢复劳动能力，促进其回归社会，即建立并形成工伤预防、工伤补偿、工伤康复"三位一体"工伤保险制度体系。

3. 工伤保险的作用

工伤保险是社会保险制度的重要组成部分，对于保障工伤职工的合法权益，促进工伤预防与安全生产，分散用人单位的工伤风险，维护社会安定具有重要作用。

（1）保障工伤职工的合法权益

为工伤职工提供必要的医疗救助和经济补偿，是建立健全工伤保险制度的主要目的之一。建立社会共济的工伤保险制度，有利于保障工伤职工得到及时治疗、康复，使工伤职工和工亡职工近亲属的基本生活得到保障，从而保障工伤职工的合法权益。

（2）促进工伤预防与安全生产

我国的工伤保险制度已逐步形成工伤预防、工伤补偿、工伤康复"三位一体"的制度体系，并且对工伤预防、工伤康复等的关注程度不断提高。通过实行行业差别费率和用人单位浮动费率机制，以及在工伤保险基金中列支工伤预防费等措施，促进用人单位加强工伤预防工作，减少工伤事故和职业病的发生率，从而保护职工的生命安全和身体健康。

（3）分散用人单位的工伤风险

社会保险的基本宗旨就是分散风险。建立工伤保险制度就是要通过工伤保险基金的互助互济功能，分散用人单位的工伤风险，避免用人单位在职工发生工伤事故后不堪重负，也避免工伤职工的合法权益得不到保障。同时，通过工伤保险的社会化管理服务，可以解决用人单位社会负担重的问题，使其能够全力参与市场竞争。

4. 工伤保险的特点

工伤保险作为社会保险制度的重要组成部分，具有4个突出的基本特点，分别是强制性、非营利性、保障性和互助互济性。

（1）强制性

工伤保险是国家通过立法形式强制规定适用范围的保险类型。国家通过法律法规明确规定所有用人单位和职工必须参加工伤保险。

（2）非营利性

工伤保险的设立初衷是履行社会责任，保障工伤职工的基本生活和健康权益，而不是为了营利。依法参加工伤保险是用人单位应当履行的责任，也是职工应该享有的基本权利。

（3）保障性

在职工发生工伤事故后，对工伤职工或工亡职工近亲属发放工伤保险待遇，保障其生活。

（4）互助互济性

工伤保险通过强制征收保险费，建立工伤保险基金，并在人员之间、地区之间、行业之间实行再分配，调剂使用工伤保险基金。

5. 工伤保险的原则

工伤保险作为社会保险最早产生的险种，经过多年的发展和完善，已形成了一些国际上普遍认同的基本理念和主要原则，主要有以下6个方面。

（1）强制性原则

国家通过立法，强制用人单位对职工的事故伤害和职业病负责，实行基金统筹模式，要求用人单位为全体职工参保缴费。世界上凡是实行工伤保险制度的国家，都是由国家或政府颁布法律法规强制实施的。

（2）无过错补偿原则

无过错补偿原则又称补偿不究过失原则，即职工受到工伤事故伤害后，不管工伤过错在谁，工伤职工均可获得经济补偿，以保障其得到及时的救治和基本生活保障。无过错补偿原则并不妨碍有关部门对事故责任人的追究，以防止类似事故重复发生。

（3）职工个人不缴费原则

工伤保险费全部由用人单位缴纳，职工个人不缴费，这是工伤保险与基本养老保险、基本医疗保险等其他社会保险的主要区别之一，并已在国际上达成共识。

（4）实行行业差别费率和行业内费率档次原则

工伤保险产生和发展的过程，也是不断促进工伤预防、减少工伤事故的过程。工伤保险对工伤预防的促进作用，主要通过行业差别费率和行业内费率档次来体现，即工伤保险费率与行业或职业风险程度、用人单位工伤保险费使用、工伤发生率相关。工伤保险的行业差别费率和行业内费率档次机制也是工伤保险有别于其他社会保险的重要特征之一。

（5）工伤预防、工伤补偿和工伤康复相结合的原则

工伤预防、工伤补偿和工伤康复三者是密切相关的，构成了工伤保险制度的三个支柱。工伤预防是工伤保险制度的重要内容，工伤保险制度致力于采取各项措施，减少或预防工伤事故。工伤事故发生后，及时对工伤职工予以医治并给予经济补偿，使工伤职工本人或其近亲属的生活得到一定保障，是工伤保险制度的基本功能。同时，要及时对工伤职工进行医学康复和职业康复，使其尽可能恢复或部分恢复生活能力和劳动能力，进而具备从事某种职业的能力，这是工伤保险制度对伤残职工提供的良好保障。

（6）一次性补偿与长期补偿相结合原则

对工伤职工或工亡职工近亲属，工伤保险待遇实行一次性补偿与长期补偿相结合的办法。例如，对一级至六级伤残的工伤职工、工亡职工近亲属，工伤保险基金一般在支付一次性补偿的同时，还按月支付长期补偿。这种一次性补偿与长期补偿相结合的办法，可以长期、有效地保障工伤职工及工亡职工近亲属的基本生活。这也是工伤保险不同于其他保险（如商业保险）的重要特征之一。

6. 工伤保险的"三位一体"制度

《工伤保险条例》由 2003 年 4 月 27 日中华人民共和国国务院令第 375 号公布，根据 2010 年 12 月 20 日《国务院关于修改〈工伤保险条例〉的决定》修订。修订后的《工伤保险条例》对工伤预防、工

伤康复费用作出了制度安排，使工伤预防、工伤补偿、工伤康复"三位一体"的制度框架最终形成，使我国的工伤保险制度在注重工伤补偿的同时，强化事前的积极预防和事后的职业康复，进而从根本上保障职工的合法权益。

7. 工伤预防的内容与作用

工伤预防是指为避免与降低工伤风险所采取的宣传和培训等手段和措施。工伤风险是指在工作过程中工伤发生的概率和造成危害的程度。

工伤预防是建立健全工伤预防、工伤补偿、工伤康复"三位一体"工伤保险制度的重要内容。开展工伤预防，可以促进安全生产，避免和减少事故伤害和职业病的发生，有效保障职工的生命安全和身体健康；可以减少经济损失，有效控制工伤保险基金支出；可以减少企业内部不安全的管理和技术因素，提升企业竞争力，促进企业稳定发展乃至社会稳定。此外，将工伤预防作为工伤保险优先事项，采取一切适当的手段组织推进，切实提升职工工伤预防意识和能力，能够促进职工实现稳定就业，促进经济社会持续健康发展，实现从"要我预防"到"我要预防""我会预防"的转变。

8. 工伤补偿的范围

职工因工作原因受到事故伤害或者患职业病，且经工伤认定的，享受工伤保险待遇；其中，经劳动能力鉴定丧失劳动能力的，享受伤残待遇。

（1）工伤保险基金补偿

职工因工伤发生的下列费用，依法从工伤保险基金中支付：

1）治疗工伤的医疗费用和康复费用；

2）住院伙食补助费；

3）到统筹地区以外就医的交通食宿费；

4）安装配置伤残辅助器具所需费用；

5）生活不能自理的，经劳动能力鉴定委员会确认的生活护理费；

6）一次性伤残补助金和一级至四级伤残职工按月领取的伤残津贴；

7）终止或者解除劳动合同时，应当享受的一次性工伤医疗补助金；

8）因工死亡的，其近亲属领取的丧葬补助金、供养亲属抚恤金和一次性工亡补助金；

9）劳动能力鉴定费。

（2）用人单位补偿

因工伤发生的下列费用，依法由用人单位支付：

1）治疗工伤期间的工资福利；

2）五级、六级伤残职工按月领取的伤残津贴；

3）终止或者解除劳动合同时，应当享受的一次性伤残就业补助金。

生活不能自理的工伤职工在停工留薪期需要护理的，由所在单位负责。

第1章 工伤保险概述

❓ 疑难解答

承诺放弃社会保险,还能享受工伤保险待遇吗?

案例:某职工在入职时签署了自愿放弃缴纳"五险一金"承诺书。该职工在某次长途出差途中,发生交通事故,严重受伤,交警判定该职工无责任。公司依据该职工入职时签署的自愿放弃缴纳"五险一金"承诺书,坚决不承担后果。

根据《工伤保险条例》第二条,中华人民共和国境内的企业、事业单位、社会团体、民办非企业单位、基金会、律师事务所、会计师事务所等组织和有雇工的个体工商户(以下称用人单位)应当依照本条例规定参加工伤保险,为本单位全部职工或者雇工(以下称职工)缴纳工伤保险费。职工均有依照《工伤保险条例》的规定享受工伤保险待遇的权利。

用人单位参加工伤保险是为了保障职工在发生工伤时，能依法从国家和社会获得物质帮助，也是法律、法规明确规定用人单位应履行的义务，并不能由用人单位和职工协商决定放弃或免除。

工伤保险是社会保险之一，不同于商业保险，属于国家强制性的保险。根据《中华人民共和国劳动法》（以下简称《劳动法》）第七十二条，用人单位和劳动者必须依法参加社会保险，缴纳社会保险费。根据《中华人民共和国社会保险法》（以下简称《社会保险法》）第六十条，用人单位应当自行申报、按时足额缴纳社会保险费，非因不可抗力等法定事由不得缓缴、减免。

因此，本案例中该职工的自愿放弃缴纳"五险一金"承诺书是无效的。故而，该公司不能免除事故中应承担的工伤保险责任。

9. 工伤康复的作用与内容

工伤康复是在工伤保险制度框架下，利用现代康复理论和技术，为工伤职工提供康复服务，最大限度地改善和提高其生理功能和职业劳动能力，促进其回归社会和重返工作岗位。

工伤康复服务的内容包括生理康复、心理康复、职业康复和社会康复等，具体如下：及早发现、诊断与处理；心理及其他方面的咨询和协助；进行自理训练，包括行动、交往及日常生活技能，并为运动、听觉、视觉功能受损者提供所需的特殊器材；提供辅助器械、行动工具及其他设备；专门教育服务；职业技能训练（包括职业指导）、职业培训、保护性的就业安置等。

 **拓展阅读**

工伤康复业务流程如图 1-1 所示。

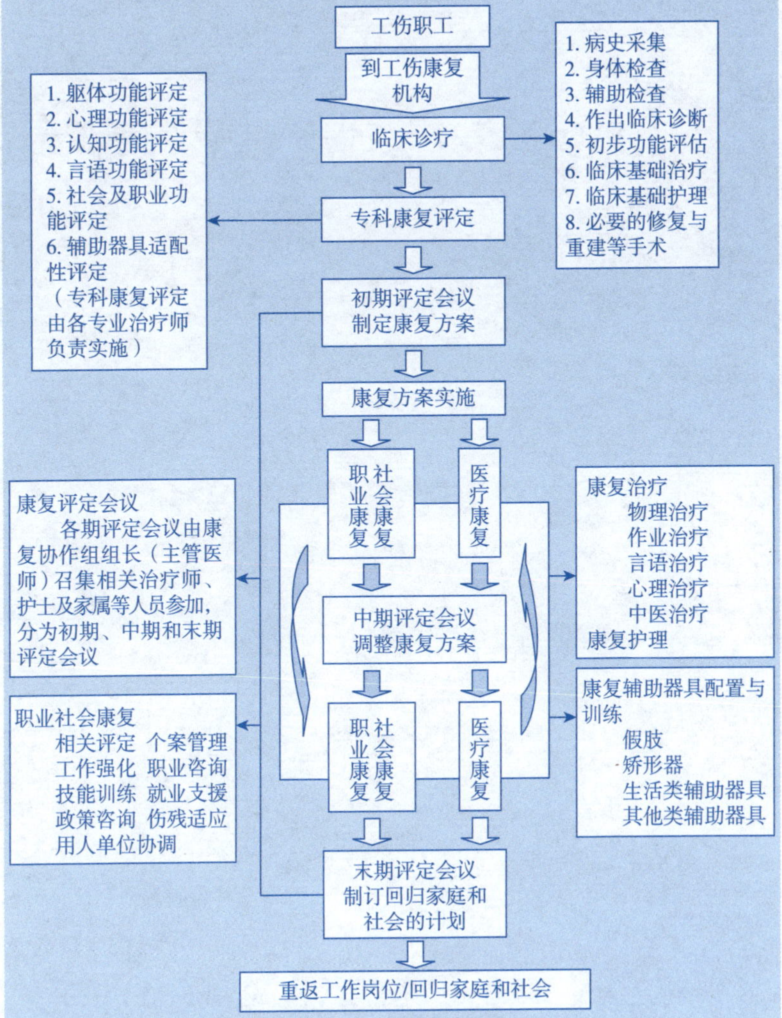

图 1-1 工伤康复业务流程

第 2 章
工伤保险基本概念

10. 社会保险基本概念

社会保险是指通过国家立法形式，多渠道筹集资金，对参保人在年老、疾病、工伤、失业、生育等情况下依法提供物质帮助，使其享有基本生活保障的一项社会保障制度。社会保险包括基本养老保险、基本医疗保险、工伤保险、失业保险、生育保险等。

（1）基本养老保险

基本养老保险是指国家立法实施的，通过参保人、用人单位和政府等多方筹资形成基金，对参保并缴纳费用、达到待遇领取条件者依法提供物质帮助，在其因年老而退出劳动后，享有基本生活保障的一项社会保险制度。

（2）基本医疗保险

基本医疗保险是指国家立法实施的，通过参保人、用人单位和政府等多方筹资形成基金，对参保人因患病而就医诊疗时提供资金支持，以保障其享有基本医疗服务的一项社会保险制度。

（3）工伤保险

工伤保险是指国家立法实施的，通过用人单位筹资形成基金，对职工因工作原因遭受事故伤害或患职业病的，给予职工本人及其近亲属相应待遇的一项社会保险制度。

（4）失业保险

失业保险是指国家立法实施的，通过参保人、用人单位等筹资形成基金，对因失业而暂时失去工资收入的参保人提供物质帮助，以保障其基本生活，维持劳动力再生产，为其重新就业创造条件的一项社会保险制度。

（5）生育保险

生育保险是指国家立法实施的，通过用人单位筹资形成基金，在参保人因生育和计划生育时,按规定给予其经济补偿和保障其基本医疗需求的一项社会保险制度。

11. 工伤保险基金及费率相关概念

工伤保险基金是国家为实施工伤保险制度,通过法定程序建立的用于特定目的的专项资金。稳定充足的工伤保险基金是保障工伤保险制度顺利实施的基本条件。

(1)工伤保险基金

工伤保险基金是指按照法律规定,由用人单位缴纳的工伤保险费及其利息收入,以及其他依法纳入的资金汇集而成的,用于支付工伤保险待遇及其他相关支出的专项资金。

(2)工伤保险费率

工伤保险费率是指依据相关法律法规确定的用人单位参加工伤保险的缴费比率。

(3)工伤保险支缴率

工伤保险支缴率是指一定时期内,工伤保险基金为用人单位支付工伤保险待遇与该单位缴纳的工伤保险费的比率。

(4)工伤保险储备金

工伤保险储备金是指统筹地区按照规定从工伤保险基金中提取,用于支付重大事故等工伤保险待遇的备用资金。

(5)工伤保险基金支出

工伤保险基金支出是指用于职工工伤保险待遇,劳动能力鉴定,工伤预防的宣传、培训等费用,以及法律、法规规定的用于工伤保险其他费用的支出。

 拓展阅读

> 《工伤保险条例》实施后,随着工伤保险参保人数的不断增加,工伤保险基金收支规模不断扩大,工伤保险基金的保障能力稳步增强。2023年,全国工伤保险基金收入1 212亿元,是2004年的20.9倍;基金支出1 237亿元,是2004年的37.5倍。工伤保险基金管理运行平稳,切实保障了工伤职工的工伤保险权益,为实施工伤预防、工伤补偿、工伤康复"三位一体"的工伤保险制度奠定了坚实基础。

12. 工伤预防相关概念

工伤预防是工伤保险制度的重要内容,是积极的、优先的工伤保险政策。工伤预防是运用工伤预防方法或技术手段降低工伤事故发生率,保障职工健康和安全,促进企业稳定发展,减少经济损失,维护社会和谐稳定的有效手段。

(1)工伤风险

工伤风险是指在工作过程中工伤发生的概率和造成危害的程度。

(2)工伤发生率

工伤发生率是指在一定时期内,用人单位(或统筹地区)发生工伤的人次数占职工总人数的比率。

(3)工伤预防

工伤预防是指避免与降低工伤风险所采取的宣传和培训等手段和

措施。

有研究表明，98%以上的工伤事故可以通过管理和技术手段避免，因此，加强工伤预防工作十分重要。工伤预防就是采取管理和技术手段等方面的措施，以期从源头上减少和避免事故和职业病的发生，最终实现"零工伤"的目标。工伤预防对于促进安全生产、保护职工的安全和健康至关重要。

13. 工伤认定相关概念

工伤认定是工伤保险的重要内容，也是职工依法享受工伤保险待遇的必经环节。社会保险行政部门依法作出的工伤认定结论不仅与劳动关系双方的切身利益密切相关，而且对工伤保险基金的安全与完整产生直接影响。

（1）工伤认定

工伤认定是指社会保险行政部门依法认定职工所受伤害是否属于工伤的行政行为。

（2）工伤认定申请受理

工伤认定申请受理是指社会保险行政部门对工伤认定申请人提交的认定申请材料进行审查确认，决定是否受理的行政行为。

（3）工伤认定申请时限

工伤认定申请时限是指法律规定的工伤认定申请人提出工伤认定申请的有效期限。

（4）工伤认定时限

工伤认定时限是指社会保险行政部门作出工伤认定决定的法定期限。

（5）工伤认定决定时限中止

工伤认定决定时限中止是指社会保险行政部门受理工伤认定申请后，在出现法定情形下作出的中止认定时限的行政行为。

14. 劳动能力鉴定相关概念

劳动能力是职工进行相关职业活动的能力。劳动能力鉴定是职工享受相关待遇的重要依据，是防范基金风险的重要环节。

（1）劳动能力鉴定

劳动能力鉴定是指劳动能力鉴定委员会依据国家制定的劳动能力鉴定标准对工伤职工的劳动功能障碍程度和生活自理障碍程度作出的技术性鉴定结论。

（2）劳动功能障碍程度

劳动功能障碍程度即伤残等级，是指劳动能力鉴定委员会根据国家制定的劳动能力鉴定标准，确定工伤职工所受伤害的伤残程度。

（3）生活自理障碍程度

生活自理障碍程度是指劳动能力鉴定委员会根据国家制定的劳动能力鉴定标准，确定工伤职工生活自理能力受到伤害的程度。

（4）辅助器具配置确认

辅助器具配置确认是指劳动能力鉴定委员会根据有关规定，确认工伤职工是否应配置辅助器具的程序。

（5）劳动能力鉴定期限

劳动能力鉴定期限是指劳动能力鉴定委员会依法评定工伤职工伤残等级的时限。

15. 职业病诊断相关概念

职业病是企业、事业单位和个体经济组织等用人单位的劳动者在职业活动中，因接触粉尘、放射性物质和其他有毒、有害因素而引起的疾病。

（1）职业病诊断

职业病诊断是指具有职业病诊断资质的医疗卫生机构，根据《中华人民共和国职业病防治法》（以下简称《职业病防治法》）、《职业病诊断与鉴定管理办法》的有关规定及《职业病分类和目录》、国家职业病诊断标准，依据劳动者的职业史、职业病危害接触史和工作场所职业病危害因素情况、临床表现以及辅助检查结果等，综合分析其疾病的特征和发展变化是否符合相应的职业病特征、发生发展规律和流行病学规律，对接触职业病危害因素的劳动者作出是否患有职业病的诊断结论。

（2）职业病诊断证明书

职业病诊断证明书是指职业病诊断机构依法向劳动者、用人单位出具的职业病诊断证明文件。

（3）职业病诊断鉴定

劳动者或用人单位对职业病诊断有异议时，可以在接到职业病诊断证明书之日起30日内，向作出诊断的诊断机构所在地设区的市级卫生健康主管部门申请鉴定。设区的市级以上卫生健康主管部门根据当事人的申请组织职业病诊断鉴定委员会进行鉴定。

劳动者或用人单位对设区的市级职业病诊断鉴定委员会的鉴定结论不服的，可以在接到职业病诊断鉴定书之日起15日内，向原鉴定组织所在地省级卫生健康主管部门申请再鉴定。省级鉴定为最终鉴定。

（4）职业病诊断鉴定书

职业病诊断鉴定书是指职业病诊断鉴定委员会依法向申请职业病鉴定的当事人出具的职业病诊断鉴定结果证明文件。

（5）职业病诊断标准

职业病诊断标准是指国家有关部门颁发的具有法律意义的职业病诊断技术标准。

（6）职业病诊断分级标准

职业病诊断分级标准是指在职业病诊断标准中，作为反映疾病严重程度分级的临床及实验室指标。

（7）职业病诊断指标

职业病诊断指标是指在职业病诊断标准中，作为职业病诊断依据的症状、体征和实验室检查的特异或非特异性指标。

16. 工伤康复相关概念

工伤康复在工伤保险制度中占据重要地位，对于推动工伤职工重新融入社会、重返工作岗位以及实现有尊严的生活具有重大意义。

（1）工伤康复

工伤康复是指综合、协调地应用医疗的、工程的、教育的、职业的、心理的、社会的以及其他措施，对工伤职工进行治疗、辅助、训练、辅导、补偿、提高，恢复工伤职工的身体功能、生活自理能力和职业劳动能力，以消除或者减轻工伤造成的后果，改善工伤职工参与劳动、就业等社会生产、生活的自身条件的过程。

（2）工伤医疗康复

工伤医疗康复是指运用各种临床诊疗和康复治疗的手段，改善和提高工伤职工的身体功能和生活自理能力的过程。

（3）工伤职业康复

工伤职业康复是指通过职业康复评估与专业技能学习和训练，使工伤残疾职工恢复并达到一定劳动能力的过程。

17. 工伤保险待遇相关概念

工伤保险待遇是指职工因工作遭受事故伤害或者患职业病后，获得医疗救治和经济补偿的一种社会保障。经工伤认定的工伤职工，享受工伤保险待遇。

（1）工伤保险待遇享受条件

《社会保险法》第三十六条规定，职工因工作原因受到事故伤害或者患职业病，且经工伤认定的，享受工伤保险待遇；其中，经劳动能力鉴定丧失劳动能力的，享受伤残待遇。

（2）工伤医疗（康复）待遇

工伤医疗（康复）待遇是指工伤职工进行治疗（康复）期间所享受的工伤医疗待遇总和。

1）工伤医疗费：工伤职工在抢救治疗以及职业病的治疗过程中，符合规定范围内的医疗费用。

2）工伤康复费：工伤职工在工伤保险协议康复机构康复过程中，符合规定范围内的费用。

3）住院伙食补助费：工伤职工在住院治疗、住院康复期间按规定享受的伙食补助。

4）交通食宿费：工伤职工经批准到统筹地区以外治疗工伤，按规定标准享受的交通、食宿费用。

5）停工留薪期：工伤职工暂时停止工作进行治疗并享受有关工伤保险待遇的期限。

（3）因工伤残待遇

因工伤残待遇是指工伤职工经劳动能力鉴定委员会确认伤残等级后，根据规定享受的相关工伤保险待遇。

1）一次性伤残补助金：工伤职工依据伤残等级享受的一次性职业伤害补偿费用。

2）伤残津贴：工伤职工达到国家规定的相应伤残等级时按月领取的津贴。

3）生活护理费：工伤职工经劳动能力鉴定委员会确认达到生活护理标准并确定等级，根据相关规定按月领取的费用。

4）配置辅助器具待遇：为帮助工伤职工提高身体功能，工伤职工经劳动能力鉴定委员会确认后，到工伤保险协议辅助器具配置机构，按规定配置辅助器具的待遇。

5）一次性工伤医疗补助金：工伤职工在解除或者终止劳动关系时，按不同伤残等级享受的一次性医疗补助费用。

6）一次性伤残就业补助金：工伤职工在解除或者终止劳动关系时，按不同伤残等级享受的一次性再就业补助费用。

（4）工亡待遇

工亡待遇是指职工因工死亡后，其近亲属按国家规定享受的包括丧葬补助金、一次性工亡补助金和供养亲属抚恤金等工伤保险待遇。

1）丧葬补助金：职工因工死亡，其近亲属按国家规定享受的丧葬费用补助。

2）一次性工亡补助金：职工因工死亡后，其近亲属按照国家规定领取的一次性费用补偿。

3）供养亲属抚恤金：职工因工死亡，依靠工亡职工生前提供主要生活来源、无劳动能力的近亲属，按照规定领取的生活补助费用。

18. 工伤保险服务管理相关概念

做好工伤保险服务管理工作，有利于保障工伤职工依法享有相关服务的权益，从而促进我国工伤保险事业发展。

（1）工伤保险经办机构

工伤保险经办机构是指统筹地区依法设立的经办工伤保险具体事务的组织机构。

（2）劳动能力鉴定委员会

劳动能力鉴定委员会是指负责组织对工伤职工劳动功能障碍程度和生活自理障碍程度等进行鉴定并作出鉴定结论的专门组织。

（3）工伤保险协议管理

工伤保险协议管理是指工伤保险经办机构通过与相关机构签订协

议为工伤职工提供服务的管理方式。

1）工伤保险服务协议：工伤保险经办机构与医疗机构、康复机构、辅助器具配置等机构签订的，用于规范双方权利义务以及违约处理等办法的专门合约。

2）工伤保险协议医疗机构：与工伤保险经办机构签订工伤保险服务协议，为工伤职工提供医疗服务的医疗机构。

3）工伤保险协议康复机构：与工伤保险经办机构签订工伤保险服务协议，为工伤职工提供康复服务的康复机构。

4）工伤保险协议辅助器具配置机构：与工伤保险经办机构签订工伤保险服务协议，为工伤职工提供辅助器具配置的机构。

（4）工伤保险待遇管理

工伤保险待遇管理是指工伤保险经办机构按照规定对工伤职工及其近亲属享受工伤保险待遇的资格进行管理的行为。

1）享受工伤保险待遇资格核定：工伤保险经办机构依法对工伤职工及其近亲属享受工伤保险待遇的资格进行核准的行为。

2）工伤保险待遇核定：工伤保险经办机构依法对工伤职工的伤残待遇、医疗（康复）待遇等及其近亲属享受的工亡待遇等工伤待遇进行核准以及对工伤保险待遇调整审核的行为。

3）工伤医疗费用审核：工伤保险经办机构依法对工伤职工发生的医疗费用核准的行为。

4）工伤康复费用审核：工伤保险经办机构依法对工伤职工发生的康复费用核准的行为。

5）工伤保险药品目录：保证工伤职工救治、康复需要，由工伤保险基金支付费用的药品范围。

6）工伤保险诊疗项目目录：保证工伤职工救治、康复需要，由工伤保险基金支付费用的诊疗项目和医用耗材的范围。

7）工伤康复服务项目目录：保证工伤职工康复需要，由工伤保险基金支付费用的康复服务项目及范围。

8）工伤保险辅助器具目录：保证工伤职工日常生活或者就业需要，由工伤保险基金支付费用的辅助器具项目和辅助器具耗材范围。

9）工伤保险住院服务标准：保证工伤职工接受治疗、康复需要，由工伤保险基金支付的服务以及服务设施的费用支付标准。

第3章 工伤保险法律体系

19. 我国工伤保险法治

（1）发展历史

我国工伤保险制度是在中华人民共和国成立后，国民经济恢复与发展过程中逐步建立起来的；工伤保险制度的改革则是在我国由计划经济体制向市场经济体制转变中逐步深入的。我国工伤保险制度的建立和发展经历了3个阶段。

1）工伤保险制度的建立时期。1951年2月26日，中央人民政府政务院颁布了《中华人民共和国劳动保险条例》，这是我国第一部包括养老、工伤、生育等保险项目在内的全国性统一法规，也是我国实

施社会保障制度的起点。1953年1月2日，政务院修正并重新公布了《中华人民共和国劳动保险条例》，其中对工伤保险等问题作了较为详细的规定。

与此同时，国家机关、事业单位的保险制度也以单项法规的形式逐步建立。1950年12月11日，内务部公布了《革命工作人员伤亡褒恤暂行条例》，规定了伤残死亡待遇。1957年2月28日，卫生部颁布了《职业病范围和职业病患者处理办法的规定》，首次将职业病列入工伤补偿的范围。

2）工伤保险制度的停滞时期。1966—1976年，《中华人民共和国劳动保险条例》受到了否定，"社会保险"退化为"企业保险"。这一时期负责企业职工社会保险管理的中华全国总工会被停止活动。1969年2月，财政部发布《关于国营企业财务工作中几项制度的改革意见（草案）》，规定"国营企业一律停止提取劳动保险金"，并将"企业的退休职工、长期病号工资和其他劳保开支，改在营业外列支"。

3）工伤保险制度的恢复和重建时期。1978年12月，党的十一届三中全会召开，我国各项事业进入正常的发展轨道，劳动保险制度的重建工作也被提上了议事日程。1984年以后，我国经济体制改革进入了以城市为重点、以搞活企业为中心的阶段。1987年11月5日，卫生部、劳动人事部、财政部、中华全国总工会颁布了《职业病范围和职业病患者处理办法的规定》。1988年，劳动部主持研究社会保险改革方案。1989年开始，各地先后开展工伤保险试点改革，并取得了初步成果。1991年4月9日，第七届全国人民代表大会第四次会议批准了《中华人民共和国国民经济和社会发展十年规划和第八个五年计划纲要》。1993年，党的十四届三中全会通过《中共中央关于建立社会主义市场经济体制若干问题的决定》。1995年,《中华人民共和国劳动法》施行,进一步明确了建立包括工伤保险在内的社会保险制度。1996年,国家出台了《企业职工工伤保险试行办法》及《职工工伤与职业病致残程度鉴定》(GB/T 16180—1996)。

2003年4月,国务院颁布了《工伤保险条例》。2003年9月,劳动和社会保障部颁布了《工伤认定办法》《因工死亡职工供养亲属范围规定》《非法用工单位伤亡人员一次性赔偿办法》等一系列与《工伤保险条例》相配套的部门规章。2004年,《关于农民工参加工伤保险有关问题的通知》出台,2006年,《国务院关于解决农民工问题的若干意见》《关于实施农民工"平安计划"加快推进农民工参加工伤保险工作的通知》出台,要求用3年的时间,将建筑业、矿山等高风险行业的农民工纳入工伤保险制度中。2010年,国务院修订了《工伤保险条例》。2011年,《社会保险法》施行并在2018年进行了修订。

(2)法律法规体系

近年来,工伤保险工作以贯彻落实《社会保险法》和《工伤保险条例》为主线,完善政策,扩大覆盖面,提高保障能力和水平,各项工作取得明显进展。经过多年发展,工伤保险法律法规体系逐步完善如下:法律,如《社会保险法》《中华人民共和国安全生产法》(以下简称《安全生产法》)等;行政法规和地方性法规,如《工伤保险条例》等;部门规章和地方政府规章,如《部分行业企业工伤保险费缴纳办法》等;有关的标准或管理办法,如《劳动能力鉴定 职工工伤与职业病致残等级》(GB/T 16180—2014)等。

党的十八大以来,我国工伤保险事业成绩斐然。工伤保险制度覆盖范围进一步扩大，统筹层次进一步提高，逐步实现省级统筹，"三位一体"制度体系进一步健全，一张保障职工安全的"防护网"已经形成。近年来，我国不断完善工伤保险制度和职业伤害保障政策举措，开展工伤预防试点工作，建立工伤康复平台，探索新就业形态就业人员职业伤害保障制度，群众获得感进一步提升。

📖 **拓展阅读**

> 回顾我国工伤保险的发展历程，从1951年出台《中华人民共和国劳动保险条例》到2003年出台《工伤保险条例》，工伤保险制度的建立和改革都与当时的社会经济发展状况紧密相连，尤其是与工业化快速发展、职业安全事故风险上升、工伤与职业病问题严重程度密切相关。总结我国工伤保险发展的历史经验，是为了更好地从我国国情出发，不断与时俱进，改革完善工伤保险制度，使之作为我国工业化、城镇化发展中"安全网"的功能得到有效发挥，促进实现健康中国的宏伟目标。

20. 工伤保险相关政策

近年来，我国出台了大量关于工伤保险的政策文件，旨在全面保障工伤职工的合法权益，为其提供必要的医疗和生活保障，同时注重工伤保险基金的可持续性和公平性。

为解决《工伤保险条例》实施过程中的若干问题，国务院及其相关部门出台了一些政策文件，如《关于实施〈工伤保险条例〉若干问题的意见》《人力资源社会保障部关于执行〈工伤保险条例〉若干问

题的意见》《人力资源社会保障部关于执行〈工伤保险条例〉若干问题的意见（二）》等。

（1）工伤保险参保

针对农民工、铁路企业、中央企业、事业单位、建筑业、各行业建筑项目、基层快递网点等参加工伤保险的问题，出台了相关政策文件，包括《关于农民工参加工伤保险有关问题的通知》《关于铁路企业参加工伤保险有关问题的通知》《关于贯彻〈安全生产许可证条例〉做好企业参加工伤保险有关工作的通知》《关于进一步做好中央企业工伤保险工作有关问题的通知》《关于进一步做好事业单位等参加工伤保险工作有关问题的通知》《人力资源社会保障部办公厅关于开展建筑业"同舟计划"——建筑业工伤保险专项扩面行动计划的通知》《人力资源社会保障部办公厅　国家邮政局办公室关于推进基层快递网点优先参加工伤保险工作的通知》等。

（2）工伤保险费率

针对降低社会保险费率、加强基金管理、落实《降低社会保险费率综合方案》、社会保险缴费、阶段性降低工伤保险费率等相关问题，出台了相关政策文件，包括《国务院办公厅关于印发降低社会保险费率综合方案的通知》《人力资源社会保障部　财政部关于调整工伤保险费率政策的通知》《人力资源社会保障部　财政部关于做好工伤保险费率调整工作　进一步加强基金管理的指导意见》《人力资源社会保障部　财政部　税务总局　国家医保局关于贯彻落实〈降低社会保险费率综合方案〉的通知》《人力资源社会保障部　财政部　税务总局关于阶段性减免企业社会保险费的通知》《人力资源社会保障部办公厅　国家税务总局办公厅关于特困行业阶段性实施缓缴企业社会保险费政策的通知》《人力资源社会保障部 财政部 国家税务总局关于阶段性降低失业保险、工伤保险费率有关问题的通知》等。

（3）基金统筹

针对推进工伤保险市级、省级统筹等相关问题，出台了相关政策文件，包括《关于推进工伤保险市级统筹有关问题的通知》《人力资源社会保障部办公厅关于加快推进工伤保险基金省级统筹工作的通知》等。

（4）工伤认定与劳动能力鉴定

针对工伤认定、劳动能力鉴定等相关问题，出台了相关政策文件，包括《关于印发〈职工非因工伤残或因病丧失劳动能力程度鉴定标准（试行）〉的通知》《人力资源和社会保障部办公厅关于工伤保险有关规定处理意见的函》《关于推进工伤认定和劳动能力鉴定便民化服务工作的通知》等。

（5）工伤保险待遇

针对老工伤人员纳入工伤保险、工伤保险待遇调整、尘肺病重点行业工伤保险、感染新型冠状病毒肺炎的相关工作人员的保障等相关问题，出台了相关政策文件，包括《人力资源和社会保障部关于做好老工伤人员纳入工伤保险统筹管理工作的通知》《人力资源社会保障部关于工伤保险待遇调整和确定机制的指导意见》《人力资源社会保障部 国家卫生健康委关于做好尘肺病重点行业工伤保险有关工作的通知》《人力资源社会保障部 财政部 国家卫生健康委关于因履行工作职责感染新型冠状病毒肺炎的医护及相关工作人员有关保障问题的通知》等。

（6）工伤康复

针对工伤保险辅助器具配置、设立区域性工伤康复示范平台等相关问题，出台了相关政策文件，包括《关于印发工伤保险辅助器具配置目录的通知》《人力资源社会保障部关于印发〈工伤康复服务项目（试行）〉和〈工伤康复服务规范（试行）〉（修订版）的通知》《人力资源社会保障部办公厅关于设立公布第一批区域性工伤康复示范平台名单有关问题的通知》等。

（7）工伤预防

针对工伤预防试点、工伤预防费使用管理、工伤预防行动计划、工伤预防能力提升等相关问题，出台了相关政策文件，包括《关于开展工伤预防试点有关问题的通知》《人力资源社会保障部关于进一步做好工伤预防试点工作的通知》《人力资源社会保障部 财政部 国家卫生计生委 国家安全监管总局关于印发工伤预防费使用管理暂行办法的通知》《人力资源社会保障部 工业和信息化部 财政部 住

房城乡建设部　交通运输部　国家卫生健康委员会　应急部　中华全国总工会关于印发工伤预防五年行动计划（2021—2025）的通知》《人力资源社会保障部　应急管理部关于实施危险化学品企业工伤预防能力提升培训工程的通知》等。

（8）工伤保险经办

针对工伤保险医疗服务协议管理、社会保险费征收、取消部分规范性文件设定的证明材料、深入实施"人社服务快办行动"等相关问题，出台了相关政策文件，包括《关于加强工伤保险医疗服务协议管理工作的通知》《人力资源社会保障部办公厅关于贯彻落实国务院常务会议精神切实做好稳定社保费征收工作的紧急通知》《人力资源社会保障部关于取消部分规范性文件设定的证明材料的决定》《人力资源社会保障部关于深入实施"人社服务快办行动"的通知》等。

（9）监督管理

针对社会保险基金要情报告、加强工伤医疗管理服务、加强工伤保险基金管理等相关问题，出台了相关政策文件，包括《人力资源社会保障部关于印发社会保险基金要情报告制度的通知》《人力资源社会保障部关于进一步加强工伤医疗管理服务工作有关问题的通知》《人力资源社会保障部办公厅关于进一步加强工伤保险基金管理有关工作的通知》等。

21. 工伤保险相关法律

与工伤保险相关的法律有《社会保险法》《职业病防治法》《安全生产法》《中华人民共和国劳动合同法》（以下简称《劳动合

同法》)、《中华人民共和国劳动争议调解仲裁法》(以下简称《劳动争议调解仲裁法》)、《劳动法》、《中华人民共和国工会法》(以下简称《工会法》)等。

(1)《社会保险法》

《社会保险法》于 2010 年 10 月 28 日由第十一届全国人民代表大会常务委员会第十七次会议通过,根据 2018 年 12 月 29 日第十三届全国人民代表大会常务委员会第七次会议《关于修改〈中华人民共和国社会保险法〉的决定》修正。《社会保险法》的立法宗旨是规范社会保险关系,维护公民参加社会保险和享受社会保险待遇的合法权益,使公民共享发展成果,促进社会和谐稳定。其主要内容包括总则、基本养老保险、基本医疗保险、工伤保险、失业保险、生育保险、社会保险费征缴、社会保险基金、社会保险经办等,自 2011 年 7 月 1 日起施行。

(2)《职业病防治法》

《职业病防治法》于 2001 年 10 月 27 日由第九届全国人民代表大会常务委员会第二十四次会议通过,根据 2018 年 12 月 29 日第十三届全国人民代表大会常务委员会第七次会议《关于修改〈中华人民共和国劳动法〉等七部法律的决定》第四次修正。《职业病防治法》的立法宗旨是预防、控制和消除职业病危害,防治职业病,保护劳动者健康及其相关权益,促进经济社会发展。其主要内容包括总则、前期预防、劳动过程中的防护与管理、职业病诊断与职业病病人保障、监督检查、法律责任等,自 2002 年 5 月 1 日起施行。

(3)《安全生产法》

《安全生产法》于 2002 年 6 月 29 日由第九届全国人民代表大会

常务委员会第二十八次会议通过，根据2021年6月10日第十三届全国人民代表大会常务委员会第二十九次会议《关于修改〈中华人民共和国安全生产法〉的决定》第三次修正。《安全生产法》的立法宗旨是加强安全生产工作，防止和减少生产安全事故，保障人民群众生命和财产安全，促进经济社会持续健康发展。其主要内容包括总则、生产经营单位的安全生产保障、从业人员的安全生产权利义务、安全生产的监督管理、生产安全事故的应急救援与调查处理、法律责任等，自2002年11月1日起施行。

（4）《劳动合同法》

《劳动合同法》于2007年6月29日由第十届全国人民代表大会常务委员会第二十八次会议通过，根据2012年12月28日第十一届全国人民代表大会常务委员会第三十次会议《关于修改〈中华人民共和国劳动合同法〉的决定》修正。《劳动合同法》的立法宗旨是完善劳动合同制度，明确劳动合同双方当事人的权利和义务，保护劳动者的合法权益，构建和发展和谐稳定的劳动关系。其主要内容包括总则、劳动合同的订立、劳动合同的履行和变更、劳动合同的解除和终止、特别规定、监督检查、法律责任等，自2008年1月1日起施行。

（5）《劳动争议调解仲裁法》

《劳动争议调解仲裁法》于2007年12月29日由第十届全国人民代表大会常务委员会第三十一次会议通过。《劳动争议调解仲裁法》的立法宗旨是公正及时解决劳动争议，保护当事人合法权益，促进劳动关系和谐稳定。其主要内容包括总则、调解、仲裁、附则等，该法自2008年5月1日起施行。

（6）《劳动法》

《劳动法》于 1994 年 7 月 5 日由第八届全国人民代表大会常务委员会第八次会议通过，根据 2018 年 12 月 29 日第十三届全国人民代表大会常务委员会第七次会议《关于修改〈中华人民共和国劳动法〉等七部法律的决定》第二次修正。《劳动法》的立法宗旨是保护劳动者的合法权益，调整劳动关系，建立和维护适应社会主义市场经济的劳动制度，促进经济发展和社会进步。其主要内容包括总则、促进就业、劳动合同和集体合同、工作时间和休息休假、工资、劳动安全卫生、女职工和未成年工特殊保护等，自 1995 年 1 月 1 日起施行。

（7）《工会法》

《工会法》于 1992 年 4 月 3 日由第七届全国人民代表大会第五次会议通过，根据 2021 年 12 月 24 日第十三届全国人民代表大会常务委员会第三十二次会议《关于修改〈中华人民共和国工会法〉的决定》第三次修正。《工会法》的立法宗旨是保障工会在国家政治、经济和社会生活中的地位，确定工会的权利与义务，发挥工会在社会主义现代化建设事业中的作用。其主要内容包括总则、工会组织、工会的权利和义务、基层工会组织、工会的经费和财产、法律责任等，自 1992 年 4 月 3 日起施行。

> **拓展阅读**
>
> 工伤保险是伴随工业化的进程而产生并发展起来的，是工业化社会的产物。1884 年 7 月 6 日，世界上第一部工伤保险法在德国诞生。之后，西方主要工业化国家相继进行了本国工伤保险的立法。

22. 工伤保险相关法规

工伤保险相关法规有《工伤保险条例》《社会保险经办条例》《使用有毒物品作业场所劳动保护条例》《社会保险费征缴暂行条例》《劳动保障监察条例》等。

（1）《工伤保险条例》

《工伤保险条例》于2003年4月27日由中华人民共和国国务院令第375号公布，根据2010年12月20日《国务院关于修改〈工伤保险条例〉的决定》修订。《工伤保险条例》的立法宗旨是保障因工作遭受事故伤害或者患职业病的职工获得医疗救治和经济补偿，促进工伤预防和职业康复，分散用人单位的工伤风险。其主要内容包括总则、工伤保险基金、工伤认定、劳动能力鉴定、工伤保险待遇等，自2004年1月1日起施行。

（2）《社会保险经办条例》

《社会保险经办条例》于2023年8月16日由中华人民共和国国务院令第765号公布。《社会保险经办条例》的立法宗旨是规范社会保险经办，优化社会保险服务，保障社会保险基金安全，维护用人单位和个人的合法权益，促进社会公平。其主要内容包括总则、社会保险登记和关系转移、社会保险待遇核定和支付、社会保险经办服务和管理、社会保险经办监督等，自2023年12月1日起施行。

（3）《使用有毒物品作业场所劳动保护条例》

《使用有毒物品作业场所劳动保护条例》于2002年5月12日由中华人民共和国国务院令第352号公布，根据2024年12月6日《国务院关于修改和废止部分行政法规的决定》修订。《使用有毒物品作业场所劳动保护条例》的立法宗旨是保证作业场所安全使用有毒物品，预防、控制和消除职业中毒危害，保护劳动者的生命安全、身体健康及其相关权益。其主要内容包括总则、作业场所的预防措施、劳动过程的防护、职业健康监护、劳动者的权利与义务等，自2002年5月12日起施行。

（4）《社会保险费征缴暂行条例》

《社会保险费征缴暂行条例》于1999年1月22日由中华人民共和国国务院令第259号公布，根据2019年3月24日《国务院关于修改部分行政法规的决定》修订。《社会保险费征缴暂行条例》的立法宗旨是加强和规范社会保险费征缴工作，保障社会保险金的发放。其主要内容包括总则、征缴管理、监督检查等多项内容，自1999年1月22日起施行。

（5）《劳动保障监察条例》

《劳动保障监察条例》于2004年11月1日由中华人民共和国国务院令第423号公布。《劳动保障监察条例》的立法宗旨是贯彻实施劳动和社会保障法律、法规和规章，规范劳动保障监察工作，维护劳动者的合法权益。其主要内容包括总则、劳动保障监察职责、劳动保障监察的实施等，自2004年12月1日起施行。

23. 工伤保险相关规章制度

工伤保险相关规章制度有《部分行业企业工伤保险费缴纳办法》《职业病分类和目录》《工伤职工劳动能力鉴定管理办法》《因工死亡职工供养亲属范围规定》《非法用工单位伤亡人员一次性赔偿办法》

《工伤认定办法》《社会保险基金先行支付暂行办法》《工伤保险辅助器具配置管理办法》《社会保险个人权益记录管理办法》《社会保险基金行政监督办法》等。

（1）《部分行业企业工伤保险费缴纳办法》

《部分行业企业工伤保险费缴纳办法》于2010年12月31日由中华人民共和国人力资源和社会保障部令第10号公布。制定《部分行业企业工伤保险费缴纳办法》的目的是针对建筑、服务、矿山等行业中难以按照工资总额缴纳工伤保险费的建筑施工企业、小型服务企业、小型矿山企业等，规定其缴纳工伤保险费的具体方式办法。该办法自2011年1月1日起施行。

（2）《职业病分类和目录》

2024年12月11日，根据《职业病防治法》有关规定，国家卫生健康委、人力资源社会保障部、国家疾控局、全国总工会联合组织对职业病的分类和目录进行了调整。调整后的《职业病分类和目录》自

2025年8月1日起实施。《职业病分类和目录》将职业病分为12类，分别为职业性尘肺病及其他呼吸系统疾病、职业性皮肤病、职业性眼病、职业性耳鼻喉口腔疾病、职业性化学中毒、物理因素所致职业病、职业性放射性疾病、职业性传染病、职业性肿瘤、职业性肌肉骨骼疾病、职业性精神和行为障碍、其他职业病。

（3）《劳动能力鉴定管理办法》

《劳动能力鉴定管理办法》于2025年5月13日由中华人民共和国人力资源和社会保障部、中华人民共和国国家卫生和健康委员会令第55号公布，自2025年7月1日起施行。制定《劳动能力鉴定管理办法》是为了加强劳动能力鉴定管理，规范劳动能力鉴定程序。该办法包括总则、鉴定程序、监督管理等多项内容。

（4）《因工死亡职工供养亲属范围规定》

《因工死亡职工供养亲属范围规定》于2003年9月23日由中华人民共和国劳动和社会保障部令第18号公布。制定《因工死亡职工供养亲属范围规定》是为了明确因工死亡职工供养亲属范围。其中规定，因工死亡职工供养亲属是指该职工的配偶、子女、父母、祖父母、外祖父母、孙子女、外孙子女、兄弟姐妹。该规定自2004年1月1日起施行。

（5）《非法用工单位伤亡人员一次性赔偿办法》

《非法用工单位伤亡人员一次性赔偿办法》于2010年12月31日由中华人民共和国人力资源和社会保障部令第9号公布。《非法用工单位伤亡人员一次性赔偿办法》中规定，非法用工单位伤亡人员是指无营业执照或者未经依法登记、备案的单位以及被依法吊销营业执照或者撤销登记、备案的单位受到事故伤害或者患职业病的职工，或者用人单位使用童工造成的伤残、死亡童工。上述单位必须按照《非法用工单位伤亡人员一次性赔偿办法》向伤残职工或者死亡职工的近亲属、伤残童工或者死亡童工的近亲属给予一次性赔偿。该办法自2011年1月1日起施行。

（6）《工伤认定办法》

《工伤认定办法》于2010年12月31日由中华人民共和国人力资源和社会保障部令第8号公布。制定《工伤认定办法》是为了规范工伤认定程序，依法进行工伤认定，维护当事人的合法权益。该办法自2011年1月1日起施行。

（7）《社会保险基金先行支付暂行办法》

《社会保险基金先行支付暂行办法》于2011年6月29日由中华人民共和国人力资源和社会保障部令第15号公布，根据2018年12月14日《人力资源社会保障部关于修改部分规章的决定》修订。制定《社会保险基金先行支付暂行办法》是为了维护公民的社会保险合法权益，规范社会保险基金先行支付管理。该办法自2011年7月1日起施行。

（8）《工伤保险辅助器具配置管理办法》

《工伤保险辅助器具配置管理办法》于2016年2月16日由中华人民共和国人力资源和社会保障部、民政部、国家卫生和计划生育委员会令第27号公布，根据2018年12月14日《人力资源社会保障部关于修改部分规章的决定》修订。制定《工伤保险辅助器具配置管理办法》是为了规范工伤保险辅助器具配置管理，维护工伤职工的合法权益。该办法主要内容包括总则、确认与配置程序、管理与监督等，自2016年4月1日起施行。

（9）《社会保险个人权益记录管理办法》

《社会保险个人权益记录管理办法》于 2011 年 6 月 29 日由中华人民共和国人力资源和社会保障部令第 14 号公布。制定《社会保险个人权益记录管理办法》是为了维护参保人员的合法权益，规范社会保险个人权益记录管理。该办法主要内容包括总则、采集和审核、保管和维护、查询和使用、保密和安全管理等，自 2011 年 7 月 1 日起施行。

（10）《社会保险基金行政监督办法》

《社会保险基金行政监督办法》于 2022 年 2 月 9 日由中华人民共和国人力资源和社会保障部令第 48 号公布。制定《社会保险基金行政监督办法》是为了保障社会保险基金安全，规范和加强社会保险基金行政监督。该办法主要内容包括总则、监督职责、监督权限、监督实施等，自 2022 年 3 月 18 日起施行。

> **拓展阅读**
>
> 工伤保险制度建立后，工伤保险成为国家对劳动者履行的社会责任，同时成为劳动者依法享有的基本权利。工伤保险使劳动者的政治、社会和经济地位得到一定程度的提高，同时也在一定程度上缓解了工伤造成的社会矛盾，避免了劳资双方对立，有利于经济社会稳定发展，成为社会文明进步的标志之一。

24. 工伤保险相关标准规范

针对工伤保险，我国制定了多项相关标准规范，如《劳动能力鉴定 职工工伤与职业病致残等级》（GB/T 16180—2014）、《职业病诊断通则》（GBZ/T 265—2014）、《个体防护装备配备规范 第1部分：总则》（GB 39800.1—2020）、《工伤保险经办服务规范》（LD/T 04—2021）、《社会保险网上经办服务指南》（LD/T 01—2020）、《企业职工伤亡事故经济损失统计标准》（GB 6721—1986）等。

（1）职业病防治的相关标准规范

1）《劳动能力鉴定 职工工伤与职业病致残等级》（GB/T 16180—2014）规定了职工工伤与职业病致残劳动能力鉴定原则和分级标准，适用于职工在职业活动中因工负伤和因职业病致残程度的鉴定。

2）《职业病诊断通则》（GBZ/T 265—2014）规定了职业病诊断的基本原则和通用要求，适用于指导国家公布的《职业病分类和目录》中职业病（包括开放性条款）的诊断，但不适用于职业性放射性疾病的诊断。

3）《个体防护装备配备规范 第1部分：总则》（GB 39800.1—2020）规定了个体防护装备（即劳动防护用品）配备的总体要求，包括配备原则、配备流程、作业场所危害因素的辨识和评估、个体防护装备的选择、追踪溯源、判废和更换、培训和使用等，适用于各用人单位个体防护装备的配备及管理，但不适用于各用人单位消防用个体防护装备的配备及管理。

（2）社会保险制度的相关标准规范

1）《工伤保险经办服务规范》（LD/T 04—2021）规定了工伤保险经办服务中参保缴费服务、工伤预防服务、工伤认定和劳动能力鉴定、协议机构管理和费用结算、工伤医疗服务、工伤康复服务、工伤辅助器具配置服务、个人工伤待遇审核与支付服务、基金管理、权益记录与档案查询服务、服务质量评价,以及主要业务表单(资料性附录)等内容,适用于包括各级社会保险经办机构为用人单位和个人提供的工伤保险经办服务,社会保险行政部门、行业协会、大型企业等在工伤保险经办服务部分环节的行为。

2)《社会保险网上经办服务指南》(LD/T 01—2020)规定了社会保险网上经办服务的术语和定义、基本原则、网上服务内容、网上服务管理、服务质量评价与改进,适用于各级社会保险经办机构、人力资源和社会保障信息化综合管理机构及经授权(委托)的服务机构,提供社会保险网上经办服务。

(3)企业安全事故的相关重要标准规范

《企业职工伤亡事故经济损失统计标准》(GB 6721—1986)规定了企业职工伤亡事故经济损失的统计范围、计算方法和评价指标。

拓展阅读

> 初期工伤保险只覆盖了伤残事故的受害者,随着工业化进程的深入,所引发的各类职业病不断增加,职业病也被逐步纳入工伤保险范围。1906年,英国通过的《职业补偿法修正案》最早将职业病纳入了工伤保险补偿范围。现在,世界各国的工伤保险制度都已将职业病包括在内。

第4章 职工工伤具体待遇

25. 遭受工伤的医疗待遇

《工伤保险条例》第三十条规定,职工因工作遭受事故伤害或者患职业病进行治疗,享受工伤医疗待遇。

职工治疗工伤应当在签订服务协议的医疗机构就医,情况紧急时可以先到就近的医疗机构急救。

治疗工伤所需费用符合工伤保险诊疗项目目录、工伤保险药品目录、工伤保险住院服务标准的,从工伤保险基金支付。工伤保险诊疗项目目录、工伤保险药品目录、工伤保险住院服务标准,由国务院社会保险行政部门会同国务院卫生行政部门、食品药品监督管理部门等部门规定。

职工住院治疗工伤的伙食补助费,以及经医疗机构出具证明,报经办机构同意,工伤职工到统筹地区以外就医所需的交通、食宿费用从工伤保险基金支付,基金支付的具体标准由统筹地区人民政府规定。

工伤职工治疗非工伤引发的疾病,不享受工伤医疗待遇,按照基本医疗保险办法处理。

工伤职工到签订服务协议的医疗机构进行工伤康复的费用,符合规定的,从工伤保险基金支付。

(1)工伤医疗待遇

工伤职工进行治疗,享受工伤医疗待遇,这是一项基本的工伤保险待遇。依据《工伤保险条例》第三十三条,工伤职工需要停止工作接受治疗的,享受停工留薪期待遇,停工留薪期满后,需要继续治疗的,继续享受上述工伤医疗待遇。

(2)工伤医疗机构

工伤职工因工负伤或者患职业病进行治疗(包括工伤康复),可以享受工伤医疗待遇，但应当前往签订服务协议的医疗机构就医，情况紧急时可以先到就近的医疗机构急救。工伤职工确需跨统筹地区就医的，须由医疗机构出具证明，并经社会保险经办机构同意。据此，工伤职工就医应当注意以下3点。

1）明确了解本统筹区域内与社会保险经办机构签订服务协议的医疗机构。所谓服务协议，是指社会保险经办机构与本统筹区域内的有关医疗机构就工伤患者就诊、诊疗项目、药品、辅助器具管理、费用给付乃至争议处理办法等事项进行协商所达成的协议。由社会保险经办机构与工伤医疗机构签订服务协议，是《工伤保险条例》为加强工伤保险管理、加大工伤医疗费用控制力度、提高医疗服务质量而确定的一项新制度。它是社会保险经办机构经办工伤保险事务的一个重要手段，也是有关医疗机构是否具备提供工伤医疗和康复服务资格的重要标志。

2）工伤职工应在与社会保险经办机构签订服务协议的医疗机构就医。除急诊和急救工伤职工可以先到就近的医疗机构救治外，工伤职工在未签订服务协议的医疗机构就医发生的费用不列入职工工伤保险给付范围。

3）考虑到工伤保险各统筹地区经济发展和医疗消费水平的差异，以及工伤保险制度管理方面的现实状况，为避免引发矛盾，工伤职工需要跨统筹地区就医的，须由签订服务协议的医疗机构出具证明，并经社会保险经办机构同意。

（3）工伤康复服务

工伤职工可以进行工伤康复，有关费用按照规定从工伤保险基金中支付。

工伤康复是指综合、协调地应用医疗的、工程的、教育的、职业的、心理的、社会的以及其他措施，对工伤职工进行治疗、辅助、训练、辅导、补偿、提高，恢复工伤职工的身体功能、生活自理能力和职业劳动能力，以消除或者减轻工伤造成的后果，改善工伤职工参与劳动就业等社会生活的自身条件。工伤康复服务的内容包括生理康复、心理康复、职业康复和社会康复等多个方面。

26. 工伤保险诊疗项目

工伤保险作为社会保障体系的重要组成部分，其诊疗项目享受待遇的落实，是对职工因工受伤权益的保障。

《工伤保险条例》第三十条中明确指出，职工因工作遭受事故伤害或者患职业病进行治疗，享受工伤医疗待遇。同时，治疗工伤所需费用符合工伤保险诊疗项目目录的从工伤保险基金支付，工伤保险诊疗项目目录由国务院社会保险行政部门会同国务院卫生行政部门、食品药品监督管理行政部门等部门规定。原劳动和社会保障部等五部门联合印发的《关于城镇职工基本医疗保险诊疗项目管理的意见》指导各地确定城镇职工基本医疗保险诊疗项目，对于规范医疗服务行为、保障参保人员权益、提高医疗服务效率、控制医疗费用增长以及适应医疗技术发展等都具有重要意义。

1）基本医疗保险诊疗项目是符合以下条件的各种医疗技术劳务项目，以及采用医疗仪器、设备与医用材料进行的诊断、治疗项目：一是临床诊疗必需、安全有效、费用适宜的诊疗项目，二是由物价部门制定了收费标准的诊疗项目，三是由定点医疗机构为参保人员提供的定点医疗服务范围内的诊疗项目。

2）参保人员发生的诊疗项目费用，属于基本医疗保险不予支付费用诊疗项目目录以内的，基本医疗保险基金不予支付。属于基本医疗保险支付部分费用诊疗项目目录以内的，先由参保人员按规定比例自付后，再按基本医疗保险的规定支付。属于按排除法制定的基本医疗保险不予支付费用和支付部分费用诊疗项目目录以外的，或属于按准入法制定的基本医疗保险准予支付费用诊疗项目目录以内的，按基本医疗保险的规定支付。

3）人力资源社会保障部负责组织制定国家基本医疗保险诊疗项目范围，采用排除法分别规定基本医疗保险不予支付费用的诊疗项目范围和基本医疗保险支付部分费用的诊疗项目范围。各省（自治区、直辖市）人力资源社会保障部门根据国家基本医疗保险诊疗项目范围的规定，组织制定本省的基本医疗保险诊疗项目目录。

4）基本医疗保险不予支付费用的诊疗项目，主要是一些非临床诊疗必需、效果不确定的诊疗项目以及属于特需医疗服务的诊疗项目。基本医疗保险支付部分费用的诊疗项目，主要是一些临床诊疗必需、效果确定但容易滥用或费用昂贵的诊疗项目。

工伤保险诊疗项目目录（包括医用耗材）、工伤保险住院服务标准原则上参照本省基本医疗保险有关规定执行，允许结合当地实际进行适当调整，并制定相应调整办法，公开调整原则和工作程序，规范支付政策。因此，工伤保险诊疗项目目录能够贴合当地医疗实际，提升医疗服务管理水平，规范医疗行为，促进资源合理配置。此外，工伤保险诊疗项目的设立，增强了政策的适应性和灵活性，使其可以及时响应政策变化、满足特殊群体的需求，从而为工伤职工提供更精准、有效的医疗保障。

 拓展阅读

> 工伤保险诊疗项目目录是指根据诊疗技术的应用范围、使用的广泛性、技术的成熟程度和安全性以及费用的高低等,将诊疗技术进行分类,并分别制定不同的费用支付办法的标准性规范。制定工伤保险诊疗项目目录是明确工伤保险诊疗服务范围和标准、强化医疗服务管理的一种措施。

27. 工伤保险药品目录

工伤保险药品目录通常由国务院社会保险行政部门会同相关部门制定,并根据实际情况进行动态调整。工伤保险药品目录内的药品包括西药、中药和生物制品等,涵盖了治疗工伤所需的各类药物。这些药品的选用都遵循了科学、合理和经济的原则,以确保工伤职工能够获得及时、有效的治疗。根据《工伤保险条例》第三十条的规定,治疗工伤所需费用符合工伤保险药品目录的,从工伤保险基金支付。这意味着,只要工伤职工使用的药品在工伤保险药品目录范围内,其费用由工伤保险基金支付。

由国家医疗保障局和人力资源社会保障部制定的《国家基本医疗保险、工伤保险和生育保险药品目录(2024 年)》(以下简称《2024 药品目录》)自 2025 年 1 月 1 日起正式执行,涵盖西药部分、中成药部分、协议期内谈判药品(含竞价药品)部分以及中药饮品部分。其中西药部分 1 398 个,中成药部分 1 336 个(含民族药

95个），协议期内谈判药品部分425个（含西药367个、中成药58个），共计3 159个。《2024年药品目录》以及国家医保谈判药品配备情况，可以在国家医疗保障局微信公众号、国家医疗保障局官方网站查询。《2024年药品目录》包括仅限工伤保险基金准予支付费用的5个品种（见表4-1），工伤保险支付药品费用时不区分甲、乙类，不受限定支付范围限制，社会保险经办机构在支付费用前，应核查相关证据。

表4-1 药品目录中仅限工伤保险基金准予支付费用的品种

药品分类代码	药品分类		编号	药品名称	剂型
XD11	其他皮科制剂	乙	535	氢醌	软膏剂
XJ06	免疫血清及免疫球蛋白	乙	796	A型肉毒毒素	注射剂

续表

药品分类代码	药品分类		编号	药品名称	剂型
XJ07	疫苗类	乙	803	人用狂犬病疫苗（Vero细胞）	注射剂
			★（803）	人用狂犬病疫苗（地鼠肾细胞）	注射剂
			★（803）	人用狂犬病疫苗（鸡胚细胞）	注射剂
			★（803）	人用狂犬病疫苗（人二倍体细胞）	注射剂
XL03AX	其他免疫增强剂	乙	932	胸腺法新	注射剂
ZH	皮肤科用药	乙	1222	瘢痕止痒软化乳膏（软化膏）	

国家医疗保障局成立以来，已连续7年开展药品目录调整工作，累计将835种药品新增进入国家医保药品目录，其中谈判新增530种，竞价新增38种。同时将一批疗效不确切、临床易滥用的或被淘汰的药品调出目录，引领药品使用端发生深刻变化。2024年国家药品目录调整工作的调整现场谈判于10月30日中午12点顺利结束。按照国家医疗保障局发布的工作方案，目录调整工作程序仍分为准备、申报、专家评审、谈判、公布结果5个阶段，最终的《2024年药品目录》已于2024年11月27日公布。

28. 辅助器具配置

职工遭受工伤事故后，可能造成身体器官缺损，诸如肢体缺失、器官切除、颅骨缺损等,器官缺损的部位及严重程度不同会造成不同程度的身体生理功能障碍。在此基础上,又进而会导致心理障碍或者减损工伤职工的生活质量,如面部损伤瘢痕毁容、眼科外伤产生视功能障碍等。要恢复或提高工伤职工的身体功能,满足工伤职工日常生活和就业需要,就应当为工伤职工提供安装假肢、矫形器、假眼、假牙和配置轮椅等辅助器具的服务。

《工伤保险条例》第三十二条规定,工伤职工因日常生活或者就业需要,经劳动能力鉴定委员会确认,可以安装假肢、矫形器、假眼、假牙和配置轮椅等辅助器具,所需费用按照国家规定的标准从工伤保险基金支付。

(1)辅助器具种类

辅助器具主要分为假肢、矫形器、生活类辅助器具和其他辅助器具。其中,假肢包括腕离断肌电假肢、装饰性前臂假肢、索控式前臂假肢、前臂肌电假肢等,适用于不同截肢部位和程度的工伤职工;矫形器包括静态型腕手矫形器、动态型腕手矫形器、前臂(肘腕手)矫形器、上臂(肩肘)矫形器、肩外展矫形器、颈托、颈胸矫形器、胸腰骶矫形器等,用于辅助固定和功能恢复;生活辅助器具包括坐便椅、电动轮椅、智能电动移位车、移位机、洗澡椅、护理床、电动翻身床等,用于辅助如厕、洗澡、移动和卧床护理;其他辅助器具包括耳背式助听器、耳内式助听器、耳道式助听器、光学助视器、假眼、假耳等,用于辅助视听和日常生活。

(2)辅助器具配置费用

社会保险经办机构负责对申请承担工伤保险辅助器具配置服务的辅助器具装配机构和医疗机构进行协议管理,并按照规定核付配置费用。若用人单位未依法参加工伤保险，工伤职工需要配置辅助器具的，按照人力资源社会保障部、民政部和卫生健康委联合印发的《工伤保险辅助器具配置管理办法》相关规定执行，并由用人单位支付配置费用。

（3）辅助器具的维修与更换

辅助器具在规定的最低使用年限内因质量或者服务发生问题需要维修和更换的，由协议机构负责维修和更换，所需费用由协议机构承担；因工伤职工自身使用不当发生问题需要维修和更换的，由工伤职工承担维修和更换的费用。

（4）优化工伤康复供给侧服务

各地不断加强工作指导，促进工伤康复协议机构按照有关规定提升技术力量和设施功能，不断提高服务能力和水平。进一步发挥工伤康复示范平台引领作用，完善相应管理办法。有条件的地方可以依托本地具备实施康复条件的康复机构和康复辅助器具配置机构，组建"工伤康复联合体"，建立联动协同机制，促进提升工伤康复服务质量和优化服务流程。

29. 职业康复

职业康复是工伤康复的核心，是在医疗康复基础上，围绕工伤职工的工作能力保持与再造，通过专业化的职业评估、训练、培训等服务，同时利用现有的社会再就业资源，协助工伤职工重返就业岗位的一种专业康复服务。职业康复的内容涵盖职业能力评估、现场人体工效学评估、工作强化训练、现场工作能力强化、电脑技能培训、手工技能及综合技能培训、工作安置、就业咨询与指导、重返工作岗位沟通与协调、就业环境改造等专业服务。

工伤职工进行职业康复的一般标准是：工伤职工有就业意愿，没有严重认知功能障碍和相关禁忌证，身体功能大部分恢复，但仍然受限并影响重返工作岗位的；由于工伤后各种因素造成身体功能、工作行为、职业技能或就业信心等方面发生改变，进而影响重返工作岗位的；工伤后不能返回原单位、原岗位，需进行工作能力重建或工作职务再设计的。达到退休年龄的工伤职工可不进行职业康复介入。针对不同类型的工伤职工，所采取的职业康复方法也不尽相同。以下介绍各类工伤职工的职业康复评估及职业康复训练。

（1）颅脑损伤的职工

1）职业康复评估。常规进行工作分析、功能性能力评估（包括认知功能评估）、职业调查、就业意愿评估、工作模拟评估和技能操作评估等。如果用人单位有意向为工伤职工安排某一特定工作，需进行工作岗位的人体工效学评估与改良。

2）职业康复训练。根据职业能力评估结果得出工伤职工重返工作岗位的潜能。根据工伤职工重返工作岗位的能力，可以进行工作强化训练、工作职务调整与再设计、职业咨询与指导以及职业技能再培训等。其中，工作强化训练包括工作模拟训练、工作重整和工作行为训练。工伤职工即将重返工作岗位时，可开展工作强化训练。

（2）脊柱脊髓损伤的职工

1）职业康复评估。通过面谈、就业意愿评估、职业咨询及功能性能力评估确定职业康复目标，并选择性进行工伤职工职业调查、工作需求分析和工作模拟评估等。

2）职业康复训练。根据不同的损伤水平和个体差异设计不同的康复方案：四肢瘫工伤职工可利用上肢残余功能，以个体化的技能培训为主，必要时须借助辅助器具或改良设备；截瘫工伤职工按需要进行工作耐力训练、技能培训、就业选配等职业康复训练。训练内容主要包括职业咨询与指导、职业技能再培训、工作职务调整与再设计以及职前训练等。

（3）周围神经损伤的职工

1）职业康复评估。进行常规的职业能力评定，包括工作分析、功能性能力评估及工作模拟评估。如果经功能性能力评估发现工伤职工主动用力一致性低，需再进行症状放大症评估。

2）职业康复训练。训练的内容主要包括工作强化训练、工作模拟训练、工作行为教育与训练、工作职务调整与再设计和职前训练等。在用人单位和工伤职工双方同意的情况下，可以进行现场工作能力评估和现场工作强化训练。

（4）骨折的职工

1）职业康复评估。伤后4~7周，进行职业调查、就业意愿评估、工作需求分析、功能性能力评估和现场工作分析评估。其中，腰椎骨折的工伤职工，可增加腰背功能评估。伤后12周，增加工作模拟评估，疼痛较敏感的工伤职工可进行疼痛信念评估，对工伤职工的能力表现存疑时，可进行症状放大症评估。根据工伤职工身体功能康复进展和现场工作能力等进行评估。

2）职业康复训练。伤后4~7周进行职业咨询与指导、工作模拟训练。伤后12周，可增加就业选配、工作强化训练和工作适应与调整等。根据工伤职工的身体功能康复及工作安置进展，可开展现场工作强化、体力操作技巧训练和基本工作姿势训练等。

拓展阅读

职业康复服务流程如图 4-1 所示。

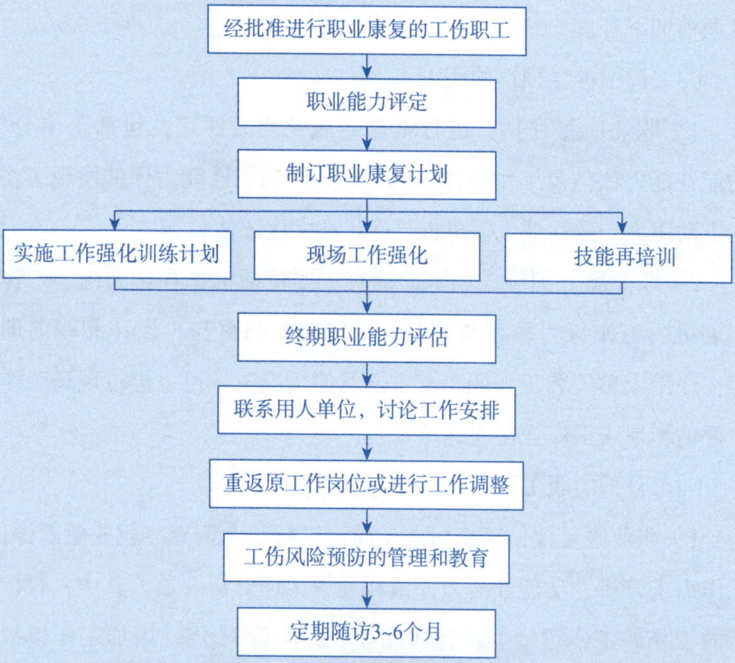

```
经批准进行职业康复的工伤职工
            ↓
       职业能力评定
            ↓
      制订职业康复计划
            ↓
实施工作强化训练计划  现场工作强化  技能再培训
            ↓
      终期职业能力评估
            ↓
   联系用人单位，讨论工作安排
            ↓
  重返原工作岗位或进行工作调整
            ↓
   工伤风险预防的管理和教育
            ↓
       定期随访3~6个月
```

图 4-1　职业康复服务流程

30. 心理康复

当职工在工作中遭受意外伤害时，不仅生理上会受到伤害，心理上也会受到严重冲击，具体表现为产生恐惧、焦虑、抑郁等负面情绪，严重影响工伤职工的康复进程和生活质量。因此，工伤职工心理康复是一个重要的综合性过程，其目的在于帮助工伤职工重建信心。

以下介绍几种常用的心理治疗方法。

（1）暗示治疗

该方法适用于伴有心因性疼痛及其他身心障碍但认知功能正常的工伤职工。在单独房间，安静环境，由受过专业培训的精神科医师或心理治疗师，判断患者的易感性和依从性，根据患者的症状，制定适当的暗示语以达到改善和治疗患者症状的方法，必要时给予一定的药物治疗。

（2）心理治疗

该方法适用于伴有明显心理症状及情绪障碍但认知功能正常的工伤职工。在单独房间，安静环境，由具有足够的理论知识、实践培训和督导基础的专业人员，对患者进行相关精神心理学诊断，选择相应的心理治疗方法，应用规范化的治疗技术和个体化的治疗方案进行心理调整，解除心理障碍。

（3）催眠治疗

该方法适用于伴有明显心因性疼痛、失眠、焦虑及其他身心障碍但认知功能正常的工伤职工。在单独房间，安静环境，由精神科医师或心理治疗师对患者的易感性和依从性进行评估。按照规范的指导语，或者借助一定的仪器和药物，帮助患者进入催眠状态。根据患者的症状，制定适当的暗示语。催眠结束后，按照一定的指导语，将患者恢复清醒。治疗中应有一名专业人员协助。

（4）行为矫正疗法

该方法适用于有情绪行为障碍的工伤职工，由精神科医师或心理治疗师评估患者的症状，分析症状的严重程度和缓急情况，制订行为矫正的计划；督促患者严格按照计划接受治疗，定期观察监测；根据患者疗效，适当调整治疗计划。治疗过程需精神科护士协助。

（5）沙盘疗法

该方法适用于有情绪障碍、人际关系障碍、自闭，言语表达障碍或防御心理较强的工伤职工。由精神科医师或心理治疗师通过沙盘游戏的方式，呈现患者内心深处意识和无意识之间的沟通和对话，由此激发患者身心健康发展以及人格的发展与完善。可以采用个体或团体的方式进行。

31. 生活自理障碍等级划分

生活自理障碍等级划分是劳动能力鉴定的重要内容之一，用于衡量工伤职工在日常生活中自理能力的受限程度。《工伤保险条例》第二十二条规定，劳动能力鉴定是指劳动功能障碍程度和生活自理障碍程度的等级鉴定。劳动功能障碍分为十个伤残等级，最重的为一级，最轻的为十级。生活自理障碍分为三个等级：生活完全不能自理、生活大部分不能自理和生活部分不能自理。劳动能力鉴定标准由国务院社会保险行政部门会同国务院卫生行政部门等部门制定。

生活自理范围主要包括5项，即进食、翻身、大小便、穿衣洗漱、自主行动。根据这5项的自理程度，可以将生活自理障碍分为以下3个等级。

1）生活完全不能自理，是指进食、翻身、大小便、穿衣洗漱、自主行动等5项均不能自理的情形。

2）生活大部分不能自理，是指进食、翻身、大小便、穿衣洗漱、自主行动等5项中有3项不能自理的情形。

3）生活部分不能自理，是指进食、翻身、大小便、穿衣洗漱、自主行动等 5 项中有 1 项不能自理的情形。

疑难解答

什么是劳动能力鉴定？

劳动能力鉴定是指职工因工负伤导致本人劳动与生活能力受到不同程度的影响，由劳动能力鉴定机构根据职工本人或者其近亲属的申请，组织劳动能力鉴定医学专家，根据国家制定的评残标准，按照工伤保险的有关政策，运用医学科学技术的方法和手段，确定职工伤残程度和丧失劳动能力程度的一种综合评定的制度。我国目前使用的劳动能力鉴定标准是 2014 年制定发布的《劳动能力鉴定 职工工伤与职业病致残等级》(GB/T 16180—2014)。

32. 劳动功能障碍等级划分

劳动功能障碍等级划分是确定工伤与职业病致残等级的重要依据，其定级原则旨在全面、客观、公正地评估职工因工伤或职业病导致的劳动功能障碍和生活影响程度。这一划分确保了工伤职工能够依法享受与劳动功能障碍等级相符的工伤保险待遇和社会支持，切实保障其合法权益。

按照《工伤保险条例》和国家标准相关规定，劳动功能障碍共分为10个伤残等级：一级为器官缺失或功能完全丧失，其他器官不能代偿，存在特殊医疗依赖，或完全或大部分或部分生活自理障碍；二级为器官严重缺损或畸形，有严重功能障碍或并发症，存在特殊医疗依赖，或大部分或部分生活自理障碍；三级为器官严重缺损或畸形，有严重功能障碍或并发症，存在特殊医疗依赖，或部分生活自理障碍；四级为器官严重缺损或畸形，有严重功能障碍或并发症，存在特殊医疗依赖，或部分生活自理障碍或无生活处理障碍；五级为器官大部缺损或明显畸形，有较重功能障碍或并发症，存在一般医疗依赖，无生活自理障碍；六级为器官大部缺损或明显畸形，有中等功能障碍或并发症，存在一般医疗依赖，无生活自理障碍；七级为器官大部缺损或明显畸形，有轻度功能障碍或并发症，存在一般医疗依赖，无生活自理障碍；八级为器官部分缺损，形态异常，轻度功能障碍，存在一般医疗依赖，无生活自理障碍；九级为器官部分缺损，形态异常，轻度功能障碍，无医疗依赖或存在一般医疗依赖，无生活自理障碍；十级为器官部分缺损，形态异常，无功能障碍，无医疗依赖或存在一般医疗依赖，无生活自理障碍。

第4章 职工工伤具体待遇

? **疑难解答**

什么情况下可以申请劳动能力鉴定？

《工伤保险条例》第二十一条规定，职工发生工伤，经治疗伤情相对稳定后存在残疾、影响劳动能力的，应当进行劳动能力鉴定。

因此，工伤职工进行劳动能力鉴定应符合以下条件：

1) 经过治疗后，伤情处于相对稳定状态，这样便于劳动能力鉴定机构聘请的医疗专家对伤情进行鉴定；

2) 经过治疗后，确认是因工伤原因造成职工身体上的残疾；

3) 工伤职工的残疾对以后的工作、生活将产生直接影响，并且伤残程度已经影响到工伤职工本人的劳动能力。

33. 生活护理待遇

《工伤保险条例》第三十四条规定，工伤职工已经评定伤残等级并经劳动能力鉴定委员会确认需要生活护理的，从工伤保险基金按月支付生活护理费。

生活护理费按照生活完全不能自理、生活大部分不能自理或者生活部分不能自理3个不同等级支付，其标准分别为统筹地区上年度职工月平均工资的50%、40%或者30%。

本条第二款规定将生活护理费的基数定为统筹地区上年度职工月平均工资，主要是考虑发生工伤后，工伤职工对护理的依赖程度，主要取决于伤残的严重程度，而与本人对社会的贡献、收入的高低等因素无关。支付生活护理费，是为了减轻工伤职工及其家庭因护理之需而产生的经济负担。因此，从社会保险的公平性出发，《工伤保险条例》将生活护理费的基数定为统筹地区上年度职工月平均工资，而不是工伤职工本人的工资。

如果伤残程度发生了变化，劳动能力鉴定委员会则重新作出伤残评定。例如，原来被评定为五级伤残，现在伤残程度加重了，被重新评定为二级伤残，那么劳动能力鉴定委员会就应当及时确定是否具有生活护理障碍，并确定护理等级。

 拓展阅读

工伤职工在停工留薪期生活不能自理而需要护理的，以及工伤职工已经评定伤残等级并经劳动能力鉴定委员会确认需要生活护理的，除了生活护理费，还应获得停工留薪期护理费。《工伤保险条例》第三十三条第三款规定，生活不能自理的工伤职工在停工留薪期需要护理的，由所在单位负责。

工伤职工在治疗期间是否需要护理，一般由所在医院来确定。关于治疗护理费的标准问题，不少地方已经作出明确规定。例如，《河南省人力资源和社会保障厅关于工伤保险若干问题的意见》第十六条规定，生活不能自理的工伤职工在停工留薪期需要护理的，经收治的医疗机构出具证明，由所在单位派人陪护或者按照统筹地区上年度职工月平均工资40%的标准按月发放陪护费。

34. 一级至四级伤残职工工伤保险待遇

一级至四级伤残职工工伤保险待遇是《工伤保险条例》中针对完全丧失劳动能力职工的重要保障措施，涵盖一次性补助金、月度伤残津贴和养老保险待遇的补足政策。这一制度不仅能缓解职工因工伤导致的收入损失，同时也能为他们的生活提供长期支持。通过保留劳动关系并保障待遇的连续性，《工伤保险条例》在减轻伤残职工经济压力的同时，也规范了用人单位的责任。

《工伤保险条例》第三十五条规定，职工因工致残被鉴定为一级至四级伤残的，保留劳动关系，退出工作岗位，享受以下待遇。

（1）从工伤保险基金按伤残等级支付一次性伤残补助金，标准为：一级伤残为27个月的本人工资，二级伤残为25个月的本人工资，三级伤残为23个月的本人工资，四级伤残为21个月的本人工资。

（2）从工伤保险基金按月支付伤残津贴，标准为：一级伤残为本人工资的90%，二级伤残为本人工资的85%，三级伤残为本人工资的80%，四级伤残为本人工资的75%。伤残津贴实际金额低于当地最低工资标准的，由工伤保险基金补足差额。

（3）工伤职工达到退休年龄并办理退休手续后，停发伤残津贴，按照国家有关规定享受基本养老保险待遇。基本养老保险待遇低于伤残津贴的，由工伤保险基金补足差额。

职工因工致残被鉴定为一级至四级伤残的，由用人单位和职工个人以伤残津贴为基数，缴纳基本医疗保险费。

职工因工致残被鉴定为一级至四级伤残的，又称为完全丧失劳动能力。这些工伤职工已完全丧失了劳动能力，因此应退出工作岗位，且用人单位应当与其保留劳动关系。也就是说，除这些工伤职工达到退休年龄办理了退休手续或死亡外，用人单位不得与这些工伤职工解除或终止劳动关系。对于完全丧失劳动能力的伤残待遇项目和标准，世界各国因国情不同而有所不同。从提供待遇的目的来看：一是为了弥补由于工伤而造成的收入损失；二是对身体造成的伤残进行补偿，以减轻因伤残而对个人生活及工作造成的不利影响。从待遇结构上来看，有的国家采取一次性支付的办法，他们认为一次性支付有利于帮助工伤职工解决购买住房、创办事业等以改善其状况；有的国家则采取定期支付的办法，他们认为定期待遇对解决工伤职工的未来生活困难是有利的；多数国家则采取长期性待遇与一次性待遇相结合的办法，且两项待遇都与工伤职工伤前原工资收入挂钩，按原工资的一定比例发放。我国的《工伤保险条例》采取的是长期性待遇与一次性待遇相结合的办法，规定向完全丧失劳动能力的工伤职工支付一次性伤残补助金并按月支付伤残津贴。

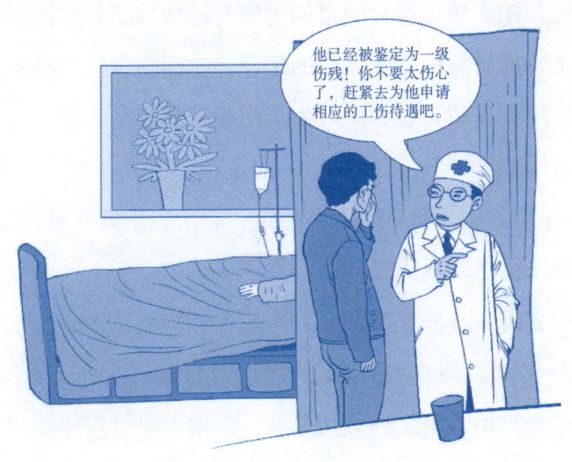

? 疑难解答

工伤保险待遇的计发基数如何确定？

关于工伤保险待遇的计发基数，国外几乎所有实行工伤保险制度的国家均以发生事故前若干时间本人平均工资为计发待遇的基数。国际劳工组织《工伤事故和职业病津贴公约》（第121号）规定，以事故发生或者患职业病前12个月的平均工资作为计发基数。在我国，《工伤保险条例》确定待遇的计发基数为本人工资，即工伤职工因工作遭受事故伤害或者患职业病前12个月的月平均工资。

35. 五级至六级伤残职工工伤保险待遇

五级至六级伤残职工工伤保险待遇，主要是给予因工伤而丧失部分劳动能力的职工提供经济补偿和就业支持。《工伤保险条例》既强调工伤职工与用人单位劳动关系的延续与适应性工作安排，也注重保障工伤职工自愿解除劳动关系后的医疗和生活需求。这些待遇平衡了职工权益与用人单位责任，同时为工伤职工的职业转型和社会再融入提供了一定保障。

《工伤保险条例》第三十六条规定，职工因工致残被鉴定为五级、六级伤残的，享受以下待遇。

（1）从工伤保险基金按伤残等级支付一次性伤残补助金，标准为：五级伤残为18个月的本人工资，六级伤残为16个月的本人工资。

（2）保留与用人单位的劳动关系，由用人单位安排适当工作。难以安排工作的，由用人单位按月发给伤残津贴，标准为：五级伤残为本人工资的70%，六级伤残为本人工资的60%，并由用人单位按照规定为其缴纳应缴纳的各项社会保险费。伤残津贴实际金额低于当地最低工资标准的，由用人单位补足差额。

经工伤职工本人提出，该职工可以与用人单位解除或者终止劳动关系，由工伤保险基金支付一次性工伤医疗补助金，由用人单位支付一次性伤残就业补助金。一次性工伤医疗补助金和一次性伤残就业补助金的具体标准由省、自治区、直辖市人民政府规定。

职工因工致残被鉴定为五级至六级伤残的，又称为大部分丧失劳动能力。需要着重指出的是，对于大部分丧失劳动能力的工伤职工，用人单位应当与其保留劳动关系，安排适当的工作，使其回归社会，这对工伤职工本人、用人单位和国家都有十分积极的作用。同时，为保障工伤职工本人主动解除或者终止劳动关系的权利不受限制，经工伤职工本人提出，可以与用人单位解除或者终止劳动关系，由工伤保险基金向其支付一次性工伤医疗补助金,由用人单位向其支付一次性伤残就业补助金。实行这些补助,是为了使工伤职工在寻找到新的工作以前,基本生活开支有必要的保障,并有能力治疗伤病。

36. 七级至十级伤残职工工伤保险待遇

七级至十级伤残职工工伤保险待遇,主要面向丧失少部分劳动能力的工伤职工,为其提供一次性经济补偿,兼顾治疗与就业的双重需求。《工伤保险条例》对这类工伤职工的权益进行保障,以维持其劳动合同为基础,同时灵活处理劳动关系的终止与解除,确保工伤职工在医疗和就业方面获得必要支持。该制度在保护工伤职工基本权益的同时,考虑到其劳动能力的保留,目的在于平衡职工本人、用人单位与社会的多重利益。

《工伤保险条例》第三十七条规定，职工因工致残被鉴定为七级至十级伤残的，享受以下待遇。

（1）从工伤保险基金按伤残等级支付一次性伤残补助金，标准为：七级伤残为13个月的本人工资，八级伤残为11个月的本人工资，九级伤残为9个月的本人工资，十级伤残为7个月的本人工资。

（2）劳动、聘用合同期满终止，或者职工本人提出解除劳动、聘用合同的，由工伤保险基金支付一次性工伤医疗补助金，由用人单位支付一次性伤残就业补助金。一次性工伤医疗补助金和一次性伤残就业补助金的具体标准由省、自治区、直辖市人民政府规定。

职工因工致残被鉴定为七级至十级伤残的，又称为部分丧失劳动能力。对于这部分工伤职工，《工伤保险条例》规定的是一次性待遇。同时，鉴于七级至十级伤残职工仍具有大部分劳动能力，可以通过劳动自食其力，用人单位应当与其继续履行原劳动合同，或者视客观情况依法与其变更劳动合同的部分内容，并按照劳动合同的规定支付相应的工资报酬。劳动合同期满或者工伤职工本人提出解除劳动合同的，可以终止或解除劳动合同，由工伤保险基金向其支付一次性工伤医疗补助金，由用人单位向其支付一次性伤残就业补助金。这是因为，七级至十级伤残职工在伤病治愈或者医疗终结后，有可能伤病发生变化需要治疗，并且可能会在今后的求职中与非工伤人员相比存在一定困难。考虑到各地经济发展水平存在较大差异，以及医疗消费水平和生活水平的差异，《工伤保险条例》授权省、自治区、直辖市人民政府根据当地的具体情况，规定一次性工伤医疗补助金和一次性伤残就业补助金的具体标准。

37. 因工死亡待遇

职工因工死亡，不仅会给其亲人造成巨大的心理创伤，而且可能影响或中断其家庭正常的收入来源。为了合理安排好工亡职工的"身后事"，保障其近亲属老有所养、幼有所依、失有所助，《工伤保险条例》第三十九条对工亡待遇的范围和标准作出了具体规定。

（1）工亡待遇的种类和领取范围

1）职工因工死亡（即职工因工作原因受到事故伤害或者患职业病直接死亡或抢救无效死亡）的，其近亲属按照规定从工伤保险基金领取丧葬补助金、供养亲属抚恤金和一次性工亡补助金。

2）伤残职工在停工留薪期内因工伤导致死亡的，其近亲属按照规定从工伤保险基金领取丧葬补助金、供养亲属抚恤金和一次性工亡补助金。

3）一级至四级伤残职工在停工留薪期满后死亡的，可从工伤保险基金领取丧葬补助金、供养亲属抚恤金。

（2）工亡待遇的标准和领取条件

1）丧葬补助金用于安葬因工死亡职工，发放给其近亲属，标准为6个月的统筹地区上年度职工月平均工资。

2）供养亲属抚恤金用于保障其供养亲属基本生活。供养亲属抚恤金按照职工本人工资的一定比例发给由因工死亡职工生前提供主要生活来源、无劳动能力的亲属。标准为：配偶每月40%，其他亲属每人每月30%，孤寡老人或者孤儿每人每月在上述标准的基础上增加10%。核定的各供养亲属的抚恤金之和不应高于因工死亡职工生前的工资。

3）一次性工亡补助金系一次性支付给因工死亡职工近亲属的工伤补偿待遇，标准为上一年度全国城镇居民人均可支配收入的20倍。

拓展阅读

按照原劳动和社会保障部发布的《因工死亡职工供养亲属范围规定》，因工死亡职工供养亲属，是指该职工的配偶、子女、父母、祖父母、外祖父母、孙子女、外孙子女、兄弟姐妹。

以上规定的人员，依靠因工死亡职工生前提供主要生活来源，并有下列情形之一的，可按规定申请供养亲属抚恤金：

（1）完全丧失劳动能力的；

（2）工亡职工配偶男年满60周岁、女年满55周岁的；

（3）工亡职工父母男年满60周岁、女年满55周岁的；

（4）工亡职工子女未满18周岁的；

（5）工亡职工父母均已死亡，其祖父、外祖父年满60周岁，祖母、外祖母年满55周岁的；

（6）工亡职工子女已经死亡或完全丧失劳动能力，其孙子女、外孙子女未满18周岁的；

（7）工亡职工父母均已死亡或完全丧失劳动能力，其兄弟姐妹未满18周岁的。

38. 下落不明的工伤保险待遇

在实际情况中，职工因工外出期间发生事故或在抢险救灾中下落不明的情况时有发生。《工伤保险条例》第四十一条对职工下落不明的工伤保险待遇作出了具体规定。

（1）职工因工外出期间发生事故或者在抢险救灾中下落不明的，从事故发生当月起3个月内照发工资，从第4个月起停发工资，由工伤保险基金向其供养亲属按月支付供养亲属抚恤金。生活有困难的，可以预支一次性工亡补助金的50%。

（2）职工被人民法院宣告死亡的，从职工被宣告死亡之日起，该职工的供养亲属可按照《工伤保险条例》第三十九条规定领取丧葬补助金、供养亲属抚恤金和一次性工亡补助金。

拓展阅读

"下落不明"，是指离开最后居住地后没有音讯的状况。职工因工外出期间发生事故或者在抢险救灾中下落不明，其生死虽处于不确定状态，但为了保护相关利害关系人的利益，《工伤保险条例》规定其供养亲属可享受部分职工因工死亡待遇。

"宣告死亡",是指职工因事故下落不明,从事故发生之日起,其配偶、父母、子女等利害关系人可以申请人民法院宣告他(她)死亡。职工或公民长期下落不明,与其有关的权利义务便长期处于不稳定的状态,不利于对社会关系进行调整,因此,设立宣告死亡的法律制度是为了维护正常的社会生活秩序,宣告长期下落不明的失踪职工死亡,与其有关的权利义务便可以按照与职工生理死亡后同样的方式进行处理。

39. 停止享受工伤保险待遇的情形

为确保工伤保险制度的合理性和有效性,保障真正需要帮助的工伤职工获得应有的权益,同时防止资源被滥用,根据《工伤保险条例》第四十二条,工伤职工有下列情形之一的,停止享受工伤保险待遇。

(1)丧失享受待遇条件的

工伤保险制度保护的对象是特定人群——工伤职工,旨在保障工伤职工遭受事故伤害、职业病,丧失或者部分丧失劳动能力时的医疗救治和经济补偿权益。如果工伤职工在享受工伤保险待遇期间情况发生了变化,不再具备享受工伤保险待遇的条件,如劳动能力得以完全恢复而不需要工伤保险制度提供保障时,就应当停发工伤保险待遇。

(2)拒不接受劳动能力鉴定的

工伤会导致职工劳动能力不同程度的丧失,使其可能因此而不能从事原本适合他的职业或工作,也可能使其不能再从事任何职业或工作,当然也有可能经治疗康复或恢复劳动能力,继续从事适合他的职业或工作。而这一切都必须通过劳动能力鉴定来确定。可见,劳动能力鉴定是工伤保险管理工作中的一个重要环节,是确定工伤保险待遇的基础和前提条件。劳动能力鉴定结论是确定不同程度的补偿、合理调换工作岗位或恢复工作、解决工伤问题的科学依据。如果工伤职工没有正当理由拒不接受劳动能力鉴定,一方面工伤保险待遇无法确定,另一方面也表明工伤职工并不愿意接受工伤保险制度提供的帮助,因此,就不应当再享受工伤保险待遇。

(3)拒绝治疗的

提供医疗救治,帮助工伤职工恢复劳动能力并重返社会,是实行工伤保险制度的重要目的之一。因而,职工遭受事故伤害或患职业病后，有享受工伤医疗待遇的权利，也有积极配合医疗救治的义务。如果无正当理由拒绝治疗，则有悖于《工伤保险条例》的宗旨。规定拒绝治疗的工伤职工不得再继续享受工伤保险待遇，就是为促使工伤职工积极配合治疗，尽可能地恢复劳动能力，提高自己的生活质量，而不是一味消极地依靠社会救助。

综上所述，工伤保险制度在为工伤职工提供保障的同时，也设定了相应的条件和限制。工伤职工必须遵守相关规定，积极配合劳动能力鉴定和医疗救治，以确保自身权益不受损害。对于丧失享受待遇条件、拒不接受劳动能力鉴定或拒绝治疗的工伤职工，将停止享受工伤保险待遇，这是维护工伤保险制度公平性和可持续性的必要措施。

40. 工伤保险待遇调整

工伤保险待遇是工伤保险制度的重要内容。随着经济社会发展，职工平均工资与生活费用发生变化，适时调整工伤保险待遇水平，既是工伤保险制度的内在要求，也是促进社会公平、维护社会和谐的职责所在。

工伤保险待遇调整和确定要与经济发展水平相适应，综合考虑职工工资增长、居民消费价格指数变化、工伤保险基金支付能力、相关社会保障待遇调整情况等因素，兼顾不同地区待遇差别，按照基金省级统筹要求，适度、稳步提升，实现待遇平衡。原则上每两年至少调整一次。《工伤保险条例》关于工伤保险待遇调整主要内容如下。

（1）伤残津贴的调整

伤残津贴是对因工致残而退出工作岗位的工伤职工工资收入损失

的合理补偿。一级至四级伤残津贴调整以上年度省（自治区、直辖市）一级至四级工伤职工月人均伤残津贴为基数，综合考虑职工平均工资增长和居民消费价格指数变化情况，侧重职工平均工资增长因素，兼顾工伤保险基金支付能力和相关社会保障待遇情况进行综合调整。伤残津贴调整可以采取定额调整和适当倾斜的办法，对伤残程度高、伤残津贴低于平均水平的工伤职工予以适当倾斜。

五级、六级工伤职工的伤残津贴按照《工伤保险条例》的规定执行。

（2）供养亲属抚恤金的调整

供养亲属抚恤金是工亡职工供养亲属基本生活的合理保障。供养亲属抚恤金调整以上年度省（自治区、直辖市）月人均供养亲属抚恤金为基数，综合考虑职工平均工资增长和居民消费价格指数变化情况，侧重居民消费价格指数变化，兼顾工伤保险基金支付能力和相关社会保障待遇情况进行综合调整。供养亲属抚恤金调整采取定额调整的办法。

（3）生活护理费的调整

生活护理费根据《工伤保险条例》和《劳动能力鉴定 职工工伤与职业病致残等级》（GB/T 16180—2014）相关规定进行计发，按照上年度省（自治区、直辖市）职工平均工资增长比例同步调整。职工平均工资下降时不调整。

（4）住院伙食补助费的确定

省（自治区、直辖市）可参考当地城镇居民消费支出结构，科学确定工伤职工住院伙食补助费标准。住院伙食补助费原则上不超过上年度省（自治区、直辖市）城镇居民日人均消费支出额的40%。

（5）其他待遇

一次性伤残补助金、一次性工亡补助金、丧葬补助金按照《工伤保险条例》规定的计发标准计发。工伤医疗费、辅助器具配置费、工伤康复和统筹地区以外就医期间交通、食宿费用等待遇，根据《工伤保险条例》和相关目录、标准据实支付。

一次性伤残就业补助金和一次性工伤医疗补助金，由省（自治区、直辖市）综合考虑工伤职工伤残程度、伤病类别、年龄等因素制定标准，注重引导和促进工伤职工稳定就业。

第5章 特殊情况下的工伤保险待遇

41. 行政复议、行政诉讼期间工伤医疗费用

实践表明，社会保险行政部门作出工伤认定决定后，用人单位或者工伤职工及其近亲属，均有可能对工伤认定产生不同意见，这类行政复议、行政诉讼的案件越来越多，如何保障存在争议的工伤职工的合法权益已经成了一个迫在眉睫的问题。

为了保障这部分工伤职工的合法权益，避免因行政复议、行政诉讼而出现工伤职工治疗工伤的医疗费用没有保障，进而影响甚至耽误治疗的情况，《工伤保险条例》第三十一条规定，社会保险行政部门作出认定为工伤的决定后发生行政复议、行政诉讼的，行政复议和行政诉讼期间不停止支付工伤职工治疗工伤的医疗费用。

> **拓展阅读**
>
> 根据《人力资源社会保障行政复议办法》，有下列情形之一的，公民、法人或者其他组织可以依法申请行政复议：
>
> （1）对人力资源社会保障部门作出的警告、罚款、没收违法所得、依法予以关闭、吊销许可证等行政处罚决定不服的；
>
> （2）对人力资源社会保障部门作出的行政处理决定不服的；
>
> （3）对人力资源社会保障部门作出的行政许可、行政审批不服的；
>
> （4）对人力资源社会保障部门作出的行政确认不服的；
>
> （5）认为人力资源社会保障部门不履行法定职责的；
>
> （6）认为人力资源社会保障部门违法收费或者违法要求履行义务的；
>
> （7）认为人力资源社会保障部门作出的其他具体行政行为侵犯其合法权益的。

42. 工伤治疗期间待遇

职工因遭受事故伤害或者患职业病需要暂停工作接受治疗的，按照《工伤保险条例》第三十三条相关规定实行工伤停工留薪期。

（1）职工因工作遭受事故伤害或者患职业病需要暂停工作接受工伤医疗的，在停工留薪期内，原工资福利待遇不变，由所在单位按月支付。

（2）停工留薪期一般不超过12个月。伤情严重或者情况特殊，经设区的市级劳动能力鉴定委员会确认,可以适当延长,但延长不得超过 12 个月。工伤职工评定伤残等级后,停发原待遇,按照《工伤保险条例》有关规定享受伤残待遇。工伤职工在停工留薪期满后仍需治疗的,继续享受工伤医疗待遇。

(3)生活不能自理的工伤职工在停工留薪期需要护理的,由所在单位负责。

拓展阅读

《工伤保险条例》规定,在停工留薪期内生活不能自理的,由所在单位负责护理。一方面是职工在生产劳动过程中因工受伤、致残、患职业病所遭受的损失应获得补偿,不应由工伤职工负担;另一方面是由于在停工留薪期内,工伤职工的医疗尚未终结,尚

> 未评定伤残等级，无法确定具体的伤残待遇。基于以上两方面原因，工伤职工在停工留薪期内需要生活护理的，应由所在单位负责，而不应由工伤职工本人负责，也不应由工伤保险基金负担费用。

43. 停工留薪期间待遇

工伤事故在社会经济运行过程中时有发生，而工伤职工在停工留薪期间的待遇问题，对社会有着广泛而深刻的影响。它涉及企业的经济责任、社会保障体系的运行效率，以及社会的和谐稳定。

（1）工资福利待遇

职工因工作遭受事故伤害或者患职业病需要暂停工作接受工伤医疗的，在停工留薪期内，原工资福利待遇不变，由所在单位按月支付。

（2）停工留薪期限

停工留薪期一般不超过12个月。伤情严重或者情况特殊，经设区的市级劳动能力鉴定委员会确认，可以适当延长，但延长期不得超过12个月。

（3）伤残待遇

工伤职工评定伤残等级后，停发原待遇，按照规定享受伤残待遇。工伤职工在停工留薪期满后仍需治疗的，继续享受工伤医疗待遇。

（4）护理待遇

生活不能自理的工伤职工在停工留薪期需要护理的，由所在单位负责。工伤职工已经评定伤残等级并经劳动能力鉴定委员会确认需要生活护理的，从工伤保险基金按月支付生活护理费。生活护理费按照生活完全不能自理、生活大部分不能自理或者生活部分不能自理3个不同等级支付，其标准分别为统筹地区上年度职工月平均工资的50%、40%或者30%。

（5）康复待遇

工伤职工到签订服务协议的医疗机构进行工伤康复的费用，符合规定的，从工伤保险基金支付。

工伤职工经治疗病情相对稳定后，因存在肢体、器官功能性障碍或缺陷，可以通过医疗技术、物理治疗、作业治疗、心理治疗、康复护理与职业训练等综合手段，使其达到功能部分恢复或完全恢复并获得就业能力，社会保险经办机构应鼓励其进行康复治疗，使其可以尽早重返工作岗位。

疑难解答

停工留薪期满，工伤职工不上班，用人单位能否按旷工处理？

首先，用人单位应确定工伤职工的停工留薪期是否真的已经届满，是否存在延长或重新起算停工留薪期的情形。

其次，如果工伤职工不存在以上情形且停工留薪期已经届满，则用人单位应通知工伤职工进行劳动能力鉴定。需要注意的是，职工拒绝接受劳动能力鉴定的，将停止享受工伤保险待遇。

最后，进行劳动能力鉴定是工伤职工的权利，也是义务。停工留薪期满，工伤职工拒绝参加劳动能力鉴定，其劳动能力是否丧失或者部分丧失无法确定,不属于用人单位不能依照《劳动合同法》第四十二条的规定解除劳动关系的情形,但用人单位可以根据有关规定按旷工处理。

44. 被派遣出境期间的工伤保险待遇

在全球化的经济浪潮下,国际劳务合作日益频繁,职工被派遣出境工作的现象越发普遍,如何妥善处理涉外社会保险关系成了摆在我们面前的一个重要课题。国际上,工伤保险领域并未普遍建立互免协议,一些国家法律规定,前往该国工作期间,必须依据该国的法律参加工伤保险。国内的工伤保险与境外的工伤保险在保障的性质和作用方面大体相同,但在保险的项目、标准和支付方式上存在差异。在我国,《工伤保险条例》从保障与管理的角度出发,对职工被派遣出境期间的社会保险关系作出了明确规定，为各用人单位以及个人提供了规范性指导。

《工伤保险条例》第四十四条规定，职工被派遣出境工作，依据前往国家或者地区的法律应当参加当地工伤保险的，参加当地工伤保险，其国内工伤保险关系中止；不能参加当地工伤保险的，其国内工伤保险关系不中止。

疑难解答

职工被派遣出境期间的工伤认定和责任承担是怎样的？

被派遣职工在用人单位因工作遭受事故伤害的，劳务派遣单位应当依法申请工伤认定，用人单位应当协助工伤认定的调查核实工作。因此，劳务派遣单位承担工伤保险责任，但可以与用人单位约定补偿办法。

45. 第三人侵权造成工伤的工伤保险待遇

《社会保险法》第四十二条规定，由于第三人的原因造成工伤，第三人不支付工伤医疗费用或者无法确定第三人的，由工伤保险基金先行支付。工伤保险基金先行支付后，有权向第三人追偿。

《第八次全国法院民事商事审判工作会议（民事部分）纪要》第9条规定，被侵权人有权获得工伤保险待遇或者其他社会保险待遇的，侵权人的侵权责任不因受害人获得社会保险而减轻或者免除。《社会保险法》第三十条和四十二条规定，被侵权人有权请求工伤保险基金或者其他社会保险基金支付工伤保险待遇或者其他社会保险待遇。

《最高人民法院关于审理人身损害赔偿案件适用法律若干问题的解释》第三条规定，依法应当参加工伤保险统筹的用人单位的劳动者，因工伤事故遭受人身损害，劳动者或者其近亲属向人民法院起诉请求用人单位承担民事赔偿责任的，告知其按《工伤保险条例》的规定处理。因用人单位以外的第三人侵权造成劳动者人身损害，赔偿权利人请求第三人承担民事赔偿责任的，人民法院应予支持。

如若存在职工或其近亲属向第三人提起民事诉讼无法获得工伤保险待遇等情况，根据《最高人民法院关于审理工伤保险行政案件若干问题的规定》第八条，职工因第三人的原因受到伤害，社会保险行政部门以职工或者其近亲属已经对第三人提起民事诉讼或者获得民事赔偿为由，作出不予受理工伤认定申请或者不予认定工伤决定的，人民法院不予支持。职工因第三人的原因受到伤害，社会保险行政部门已经作出工伤认定，职工或者其近亲属未对第三人提起民事诉讼或者尚未获得民事赔偿，起诉要求社会保险经办机构支付工伤保险待遇的，人民法院应予支持。职工因第三人的原因导致工伤，社会保险经办机构以职工或者其近亲属已经对第三人提起民事诉讼为由，拒绝支付工伤保险待遇的，人民法院不予支持，但第三人已经支付的医疗费用除外。

此外，《第八次全国法院民事商事审判工作会议（民事部分）纪要》第10条规定，用人单位未依法缴纳工伤保险费，劳动者因第三人侵权造成人身损害并构成工伤，侵权人已经赔偿的，劳动者有权请求用人单位支付除医疗费之外的工伤保险待遇。用人单位先行支付工伤保险待遇的，可以就医疗费用在第三人应承担的赔偿责任范围内向其追偿。

第5章 特殊情况下的工伤保险待遇

综上所述，当劳动者因第三人侵权而发生工伤时，他们可以同时获得工伤保险待遇和第三人侵权损害赔偿，但需扣除第三人已支付的医疗费用部分。

❓ 疑难解答

如果第三人已经支付了部分费用，如何具体操作扣除这部分费用以计算工伤保险待遇？

2015年最高人民法院发布的《全国民事审判工作会议纪要》采取了上海法院的做法，即不再一味地重复赔偿，而是将第三人已经支付的"医疗费、护理费、营养费、交通费、住院伙食补助费、残疾器具辅助费和丧葬费等实际发生的费用"从工伤保险待遇中加以扣除。具体来说，首先，依据该纪要第14条与第15条，劳动者所在的用人单位参加了工伤保险，因第三人侵权造成人身损害，劳动者获得第三人支付的损害赔偿后，仍有权请求工伤保险基金管理机构支付工伤保险待遇，但第三人已支付的医疗费、护理费、营养费、交通费、住院伙食补助费、残疾器具辅助费和丧葬费等实际发生的费用，工伤保险基金可以拒绝支付。劳动者所在的用人单位参加了工伤保险，因第三人侵权造成人身损害的，劳动者获得工伤保险待遇后，仍有权请求侵权人依照法律规定赔偿损失。其次，该纪要第13条规定，劳动者所在的用人单位未参加工伤保险，因第三人侵权造成劳动者人身损害，同时构成工伤的，倘若劳动者已经获得侵权赔偿，用人单位应当承担的工伤保险责任中应扣除第三人已支付的医疗费、护理费、营养费、交通费、住院伙食补助费、残疾器具辅助费和丧葬费等实际发生的费用。

46. 与多个单位同时存在劳动关系的工伤保险待遇

劳动市场的灵活性日益增强，劳动者在多个单位同时就业的现象越来越普遍。这种灵活就业模式在为劳动者提供更多工作机会和收入来源的同时，也带来了一系列法律问题。

多重劳动关系是指一个劳动者在同一时期与两个或两个以上的用人单位建立或形成的均符合劳动关系构成要件的用工关系。《劳动合同法》第六十九条规定，非全日制用工双方当事人可以订立口头协议。从事非全日制用工的劳动者可以与一个或者一个以上用人单位订立劳动合同；但是，后订立的劳动合同不得影响先订立的劳动合同的履行。《劳动合同法》第九十一条规定，用人单位招用与其他用人单位尚未解除或者终止劳动合同的劳动者，给其他用人单位造成损失的，应当承担连带赔偿责任。可以看出，法律并未明确禁止多重劳动关系的存在，只是赋予原用人单位在受到损害时相关救济权利。

在职工与多个用人单位同时存在劳动关系的情况下有关工伤保险待遇问题的处理，原劳动和社会保障部发布的《关于实施〈工伤保险条例〉若干问题的意见》中有明确规定，职工在两个或两个以上用人单位同时就业的，各用人单位应当分别为职工缴纳工伤保险费。职工发生工伤，由职工受到伤害时其工作的单位依法承担工伤保险责任。

界定劳动者在两个或两个以上用人单位同时存在劳动关系的条件，《劳动合同法》第三十九条第一款第（四）项规定，劳动者同时与其他用人单位建立劳动关系，对完成本单位的工作任务造成严重影响，或者经用人单位提出，拒不改正的，用人单位可以解除劳动合同。也就是说，劳动者在两个或两个以上用人单位同时存在劳动关系的条件之一，是这种双重劳动关系不能对劳动者完成原单位的工作任务造成严重影响，且原单位对此没有异议。

 疑难解答

陷入混同用工的"坑"，谁该为工伤负责？

混同用工是指实际控制人为同一人或者具有亲属关系的两个

或多个经济组织，业务内容相同或存在交叉，经营场所无法区分，人员、财务等高度混同，且往往不与劳动者签订书面劳动合同，故意混淆用工，使劳动者无法确定其用人单位。

用人单位主体混同的主要表现形式为组织机构混同、财产混同、经营业务混同等情形，隐含了混同用工，所以主体混同是裁判该类案件须查明的基础法律事实。主体混同单位通过混同用工来模糊承担劳动法律义务的主体，在发生劳动争议时，相互推诿法律责任或者直接将法律责任推卸到没有实际偿付能力的主体上，以达到规避劳动法律义务的目的。主体混同单位实质上丧失了人格的独立性，当对劳动者混同用工时，从提供劳动的时间和空间上均难以区分用工主体，但劳动者与各单位之间客观上均符合构成劳动关系的要件，即形成双重或多重劳动关系。关联企业混同用工的情形下，往往结合工作地点、工作内容、工资支付主体等确定对工伤负责的用人单位。

47. 抢险救灾等公共利益活动中受伤的工伤保险待遇

为保障在抢险救灾等公共利益活动中受伤职工的基本生活需要，《工伤保险条例》第十五条规定了视同工伤的几种情况，其中第一款第（二）项明确指出，在抢险救灾等维护国家利益、公共利益活动中受到伤害的，视同工伤。

职工参与抢险救灾等维护国家利益、公共利益活动的行为，虽然可能与本职工作没有直接关系，但这种行为应该得到国家和社会的提倡与保护，职工因此受到的伤害应该得到相应补偿，按照《工伤保险条例》的有关规定享受工伤保险待遇。在这种情形下，工伤认定不受工作时间、工作地点、工作原因等条件的限制。

这里的"维护国家利益、公共利益活动"，是指职工在国家利益或者社会公共利益受到威胁时，有组织或者自发施行的、旨在阻止或者减少这种威胁及其可能造成的损失的行为。《工伤保险条例》列举了"抢险救灾"的情形，凡是与抢险救灾性质类似的行为，都应当认定为属于维护国家利益和公共利益的行为。

根据《工伤保险条例》相关规定，抢险救灾等公共利益活动中受伤并认定为工伤的，享受《工伤保险条例》规定的全部工伤保险待遇，主要包括医疗康复待遇、伤残待遇和死亡待遇。医疗康复待遇包括诊疗费、药费、住院费，以及在规定的治疗期内的工资待遇。伤残待遇包括相应的一级至十级一次性伤残补助金,标准由高到低分别为 27 个月至 7 个月的本人工资;一级至六级工伤职工的伤残津贴,标准分别为本人工资的 90%、85%、80%、75%、70%、60%;需要护理的,可以享受生活护理费,标准分别为当地职工平均工资的 50%、40% 和 30%;需要安装辅助器具的,由工伤保险基金支付费用。死亡待遇包括丧葬补助金,标准为 6 个月统筹地区上年度职工月平均工资;供养亲属抚恤金,配偶每月享受工亡职工工资的 40%,其他亲属每人每月为 30%;一次性工亡补助金,标准为上一年度全国城镇居民人均可支配收入的 20 倍。

48. 工伤复发待遇

工伤给职工带来不幸,而工伤复发更是让工伤职工及其家庭陷入新的困境。这不仅是对职工身体的二次伤害,更会在经济和心理健康层面带来沉重负担。工伤复发,是指工伤职工经过治疗,伤病情已稳定或相对稳定一段时间后,又在原工伤部位(伤口)出现与原工伤致病因素有关的活动性病灶和明显体征。

《工伤保险条例》中对工伤复发待遇的规定中明确指出,工伤职工工伤复发,确认需要治疗的,享受本条例第三十条、第三十二条和第三十三条规定的工伤保险待遇。即经过诊断治疗的,可以享受工伤医疗待遇;需要暂停工作接受工伤医疗的,享受停工留薪期待遇;需要配置辅助器具的,可以按照规定配置。所需费用按照国家规定标准从工伤保险基金中支付。

> **疑难解答**

工伤复发后可以重新申请劳动能力鉴定吗？

自劳动能力鉴定结论作出之日起1年后，工伤职工或者其近亲属、所在单位或者经办机构认为伤残情况发生变化的，可以申请劳动能力复查鉴定。

49. 职工再次发生工伤的待遇

关于工伤职工再次发生工伤后的待遇问题，《工伤保险条例》第四十五条规定，职工再次发生工伤，根据规定应当享受伤残津贴的，按照新认定的伤残等级享受伤残津贴待遇。

工伤职工再次发生工伤，与工伤职工工伤复发不同，它是指工伤职工遭受两次或两次以上的事故伤害或患职业病，前次工伤造成的病情经治疗并经劳动能力鉴定确定伤残等级后，再次遭受事故伤害或患职业病，后者加剧了工伤职工的病情。这类人群在治疗后，需经劳动能力鉴定委员会按照《劳动能力鉴定 职工工伤与职业病致残等级》（GB/T 16180—2014）重新评定伤残等级。如果被重新确定伤残等级，根据规定应当享受伤残待遇的，就要按照新认定的伤残等级享受相应的伤残津贴待遇；如果根据规定不能享受伤残待遇的，则不提供相应的伤残津贴待遇。根据《工伤保险条例》第三十五条、第三十六条、第三十七条，能够享受伤残津贴的须为一级至四级或五级至六级伤残职工，七级至十级伤残职工不享受伤残津贴。

> **拓展阅读**
>
> 职工再次发生工伤需要进行工伤认定。不同于工伤复发，再次发生工伤后用人单位或工伤职工（或其近亲属）仍需要向社会保险行政部门申请工伤认定，以判断职工受伤或患职业病是否属于工伤。
>
> 申请工伤认定的时限要求如下。
>
> （1）用人单位申请：再次发生工伤之日起30日内。
>
> （2）职工或其近亲属、工会申请：再次发生工伤之日起1年内。
>
> 针对职工在同一用人单位连续工作期间多次发生工伤的，《人力资源社会保障部关于执行〈工伤保险条例〉若干问题的意见》第十条规定，职工在同一用人单位连续工作期间多次发生工伤的，符合《工伤保险条例》第三十六、第三十七条规定领取相关待遇时，按照其在同一用人单位发生工伤的最高伤残级别，计发一次性伤残就业补助金和一次性工伤医疗补助金。

50. 特殊情况下的工伤认定期限延长

在实践中，总是存在各种情形，使得伤残职工无法在规定期限内完成工伤认定，为保障这些职工的合法权益，相关法律法规对该种情况作出了明确规定。

《最高人民法院关于审理工伤保险行政案件若干问题的规定》第七条规定，由于不属于职工或者其近亲属自身原因超过工伤认定申请期限的,被耽误的时间不计算在工伤认定申请期限内。有下列情形之一耽误申请时间的,应当认定为不属于职工或者其近亲属自身原因:不可抗力;人身自由受到限制;属于用人单位原因;社会保险行政部门登记制度不完善;当事人对是否存在劳动关系申请仲裁、提起民事诉讼。

(1) 因不可抗力或者人身自由受到限制而耽误工伤认定申请的

伤残职工或者其近亲属因不可抗力而耽误工伤认定申请的,应当将耽误期限予以扣除,否则对伤残职工或者其近亲属不公平。《国务院法制办公室对关于对〈工伤保险条例〉第十七条、第六十四条关于工伤认定申请时限问题的请示的复函》中指出,申请工伤认定时限应扣除因不可抗力耽误的时间。《最高人民法院关于执行〈中华人民共和国行政诉讼法〉若干问题的解释》第四十三条规定,因人身自由受到限制而不能提起诉讼的,被限制人身自由的时间不计算在起诉期间内。

(2) 因属于用人单位原因而耽误工伤认定申请的

实践中包括以下情形。

1) 有不少职工工伤保险维权意识不强,一些用人单位有意欺骗伤残职工或者其近亲属,虽也给予伤残职工必要的治疗和支付一定待遇,但一旦超过法定申请期限,就撒手不管。

2) 用人单位借故不与伤残职工协商申请工伤认定事宜,一旦超过法定申请期限,就不再协商。

3) 用人单位在与伤残职工协商过程中同意申请工伤认定,但一直拖延申请手续,导致伤残职工超过申请期限的。这些情形下,用人单位大多未缴纳工伤保险费。

因此,在理解工伤认定申请期限的问题上,要考虑到伤残职工实际所处的弱势地位,对其申请权利进行充分保障,因用人单位原因而耽误工伤认定申请期限的,耽误的期限依法应当予以扣除。

（3）因社会保险行政部门登记制度不完善而耽误工伤认定申请的

由于社会保险行政部门登记制度不完善,工伤认定申请人已申请工伤认定却无从查证,工伤认定申请人有证据证明是因社会保险行政部门登记制度不完善导致的,被耽误的时间可以扣除或者中断计算。

（4）因双方当事人对是否存在劳动关系发生争议而申请仲裁、提起民事诉讼而耽误工伤认定申请的

工伤认定申请人申请仲裁、提起民事诉讼确认劳动关系,属于工伤认定申请期限中断或者中止的法定事由。用人单位和职工之间存在劳动关系,是伤残职工认定为工伤的前提条件之一。因为工伤认定是

以确认劳动关系为基础的,劳动关系不存在也就不可能认定工伤。双方当事人因是否存在劳动关系发生争议而申请仲裁、提起民事诉讼耽误的时间应当依法予以中断或者扣除,否则伤残职工或者其近亲属无法在申请工伤认定时提供《工伤保险条例》第十八条第一款第二项规定的"与用人单位存在劳动关系(包括事实劳动关系)的证明材料"。

(5)因其他正当理由超过法定申请期限的

在实践中包括以下情形。

1)伤残职工因其他客观原因无法申请工伤认定的,如遭遇意外伤害丧失行为能力,又无法找到近亲属的,或者近亲属死亡等。这属于不可归责于伤残职工的原因,依法应将耽误的时间予以扣除。

2)社会保险行政部门同意延长申请时限的。社会保险行政部门不管基于什么理由同意延长申请时限的,均属于不可归责于伤残职工的原因,依法应将耽误的时间予以扣除。

3)《最高人民法院关于审理工伤保险行政案件若干问题的规定》第七条第二款对另一种情形未作规定,即社会保险行政部门要求申请人补正申请材料而耽误工伤认定申请的。

第6章 特殊群体工伤保险待遇与争议处理

51. 非法用工工伤保险待遇

非法用工单位伤亡人员,是指无营业执照或者未经依法登记、备案的单位以及被依法吊销营业执照或者撤销登记、备案的单位受到事故伤害或者患职业病的职工,或者用人单位使用童工造成的伤残、死亡童工。

《工伤保险条例》第六十六条规定,无营业执照或者未经依法登记、备案的单位以及被依法吊销营业执照或者撤销登记、备案的单位的职工受到事故伤害或者患职业病的,由该单位向伤残职工或者死亡职工的近亲属给予一次性赔偿,赔偿标准不得低于本条例规定的工伤保险待遇;用人单位不得使用童工,用人单位使用童工造成童工伤残、死亡的,由该单位向童工或者童工的近亲属给予一次性赔偿,赔偿标准不得低于本条例规定的工伤保险待遇。具体办法由国务院社会保险行政部门规定。前款规定的伤残职工或者死亡职工的近亲属就赔偿数额与单位发生争议的，以及前款规定的童工或者童工的近亲属就赔偿数额与单位发生争议的，按照处理劳动争议的有关规定处理。

在上述第一种情形下，由单位向伤残职工或者死亡职工的近亲属给予一次性赔偿。考虑到这些单位没有合法身份，存续时间有限，不可能像合法用人单位那样给予伤残职工长期的工伤保险待遇，因此需要将长期待遇折算，与其他一次性待遇合并计算后，一次性支付给伤残职工或者死亡职工的近亲属。需要强调的是，为体现对这些非法用工主体的惩罚，本条规定，一次性赔偿标准不得低于《工伤保险条例》规定的工伤保险待遇。因此，在折算长期待遇时，必须按照上限进行折算，保证一次性赔偿标准不低于正常的工伤保险待遇。

本条适用的第二种情形是使用童工而导致童工伤亡的发生。在这种情形中，适用主体放宽，任何单位包括合法用人单位和非法用工主体，只要是使用童工并造成童工伤亡的，都将适用该条款。此外，这类情形的赔偿对象为童工或者童工的近亲属，而第一种情形是伤残职工和死亡职工的近亲属。这样规定，是考虑到童工的年龄较小，由其近亲属，主要是其父母领取赔偿金，将更有利于童工合法权益的争取和保障。

人力资源社会保障部公布的《非法用工单位伤亡人员一次性赔偿办法》规定，非法用工单位必须按照本办法的规定向伤残职工或者死亡职工的近亲属、伤残童工或者死亡童工的近亲属给予一次性赔偿。一次性赔偿包括受到事故伤害或者患职业病的职工或童工在治疗期间的费用和一次性赔偿金。一次性赔偿金数额应当在受到事故伤害或者患职业病的职工或童工死亡或者经劳动能力鉴定后确定。

该办法第五条明确规定,一次性赔偿金按照以下标准支付:一级伤残的为赔偿基数的16倍,二级伤残的为赔偿基数的14倍,三级伤残的为赔偿基数的12倍,四级伤残的为赔偿基数的10倍,五级伤残的为赔偿基数的8倍,六级伤残的为赔偿基数的6倍,七级伤残的为赔偿基数的4倍,八级伤残的为赔偿基数的3倍,九级伤残的为赔偿基数的2倍,十级伤残的为赔偿基数的1倍。前款所称赔偿基数,是指单位所在工伤保险统筹地区上年度职工年平均工资。

该办法第六条规定,受到事故伤害或者患职业病造成死亡的,按照上一年度全国城镇居民人均可支配收入的20倍支付一次性赔偿金,并按照上一年度全国城镇居民人均可支配收入的10倍一次性支付丧葬补助等其他赔偿金。

52. 非全日制用工工伤保险待遇

为规范用人单位非全日制用工行为,保障劳动者的合法权益,促进非全日制就业健康发展,原劳动和社会保障部发布的《关于非全日制用工若干问题的意见》第十二条规定,用人单位应当按照国家有关规定为建立劳动关系的非全日制劳动者缴纳工伤保险费。从事非全日制工作的劳动者发生工伤,依法享受工伤保险待遇;被鉴定为伤残五级至十级的,经劳动者与用人单位协商一致,可以一次性结算伤残待遇及有关费用。

对于现实中比较常见的多重务工问题,人力资源社会保障部《实施〈中华人民共和国社会保险法〉若干规定》第九条规定,职工(包括非全日制从业人员）在两个或者两个以上用人单位同时就业的，各用人单位应当分别为职工缴纳工伤保险费。职工发生工伤，由职工受到伤害时工作的单位依法承担工伤保险责任。

📖 **拓展阅读**

  非全日制用工是指以小时计酬、劳动者在同一用人单位平均每日工作时间不超过5小时累计每周工作时间不超过30小时的用工形式。从事非全日制工作的劳动者，可以与一个或一个以上用人单位建立劳动关系。用人单位应当按时足额支付非全日制劳动者的工资。用人单位支付非全日制劳动者的小时工资不得低于当地政府颁布的小时最低工资标准。

  非全日制用工是劳动用工制度的一种重要形式，是灵活就业的主要方式。依据国家相关文件要求，各级人力资源社会保障部

> 门要高度重视,从有利于维护非全日制劳动者的权益、有利于促进灵活就业、有利于规范非全日制用工的劳动关系出发,结合本地实际,制定相应的政策措施。要在劳动关系建立、工资支付、劳动争议处理等方面为非全日制用工提供政策指导和服务。

53. 实习生用工工伤保险待遇

随着社会经济快速发展,劳动者权益保护成为社会焦点。用人单位作为劳动、劳务关系中的一方主体,在维护劳动者合法权益、促进劳动关系和谐稳定、推动市场经济高质量发展等方面具有重要作用。为扩大工伤保险覆盖范围,支持经济发展,分散用人单位用工风险,保障实习生在实习期间发生事故伤害或患职业病后的医疗救治、工伤认定、经济补偿等权益,各省、自治区、直辖市都制定了相应办法和通知。例如,北京市出台了《北京市实施〈工伤保险条例〉若干规定》,安徽省公布了《关于做好有关人员参加工伤保险工作的通知》等,具体可查阅所在地相关管理规定。

54. 新就业形态就业人员职业伤害保障待遇

近年来,平台经济迅速发展,创造了大量就业机会,涌现出一大批新就业形态就业人员。对于该类人员,平台企业应当为通过平台注册并接单,以平台企业名义提供出行、外卖、即时配送和同城货运等劳动并获得报酬或者收入的新就业形态就业人员缴纳职业伤害保障费,实现每单必保、每人必保。

根据人力资源社会保障部等十部门联合印发的《新就业形态就业人员职业伤害保障办法（试行）》，职业伤害保障待遇包括医疗待遇、伤残待遇和死亡待遇。新就业形态就业人员因职业伤害发生的下列费用，从工伤保险基金中列支，在工伤保险基金中单独设立职业伤害保障支出科目：

（1）医疗费用和康复费用；

（2）安装配置伤残辅助器具所需费用；

（3）生活不能自理的，经劳动能力鉴定委员会确认的生活护理费；

（4）因职业伤害死亡的，其近亲属领取的丧葬补助金、供养亲属抚恤金和一次性职业伤害死亡补助金；

（5）一级至十级伤残人员的一次性伤残补助金、一级至四级伤残人员按月领取的伤残津贴；

（6）五级、六级伤残人员的一次性津贴，以上年度统筹地区城镇私营单位就业人员月平均工资为标准计发，计发月数为五级伤残为 30 个月，六级伤残为 25 个月。

> **疑难解答**

新就业形态就业人员职业伤害保障困境的深层原因有哪些？

自 19 世纪末工伤保险制度出现以来，其无过错责任原则和法定赔偿模式为劳动者提供了有效的职业伤害保障。然而，随着经济形态的多元化发展，新就业形态就业人员在工伤保险保障中面临诸多现实障碍。当前我国工伤保险制度的设计与新就业形态就业人员的特点存在一定矛盾，主要表现在以下 4 个方面。

(1) 工伤保险覆盖范围的局限性

现行制度将工伤保险的适用与劳动关系直接挂钩，而新就业形态就业人员通常未与平台企业建立传统的劳动关系，导致他们无法纳入工伤保险体系，进而无法享受相应的保障待遇。

(2) 申请以及待遇支付等多项义务

新就业形态就业人员无明确的用人单位，使得这些义务在执行层面缺乏明确主体，进而造成工伤保险制度无法有效覆盖。

(3) 工伤认定及风险评估的复杂性

新就业形态就业人员的工作模式灵活，工作地点和时间的不固定性增加了工伤认定的难度。同时，新就业形态就业人员流动性大，且可能同时服务于多个平台企业，使得传统基于行业风险的保险费率设定难以适用，原由单一雇主支付的工伤保险待遇亦难以落实。

（4）缴费基数和待遇计算的适应性不足

传统工伤保险以用人单位稳定的工资总额作为缴费基数，并以职工固定工资计算相关待遇。但新就业形态就业人员收入波动显著，且受派单数量等因素影响，难以按照现行规则确定缴费基数及待遇标准。

55. 超龄劳动者工伤保障待遇

随着我国人口老龄化进程的加快以及基于劳动力市场的现实需求，已达到法定退休年龄后因返聘或未办理退休手续等原因仍然继续工作的劳动者日益增多。对于超龄劳动者，其相较适龄劳动者而言存在更高用工风险，加强对超龄劳动者的工伤权益保障具有现实必要性和紧迫性。

（1）超龄从业人员工伤保障待遇

《国务院关于渐进式延迟法定退休年龄的办法》第六条第一款规定，用人单位招用超过法定退休年龄的劳动者，应当保障劳动者获得劳动报酬、休息休假、劳动安全卫生、工伤保障等基本权益。这是新形势下我国从法律层面对保障超龄劳动者基本权益提出要求。

（2）特定情况和特定身份的超龄劳动者工伤保障问题

1）超龄劳动者在同一用人单位工作的情形。根据《人力资源社会保障部关于执行〈工伤保险条例〉若干问题的意见（二）》第二条第一款规定，达到或超过法定退休年龄，但未办理退休手续或者未依法享受城镇职工基本养老保险待遇，继续在原用人单位工作期间受到事故伤害或患职业病的，用人单位依法承担工伤保险责任。

2）用人单位已经为超龄劳动者缴纳工伤保险费的情形。根据《人力资源社会保障部关于执行〈工伤保险条例〉若干问题的意见（二）》第二条第二款规定，用人单位招用已经达到、超过法定退休年龄或已经领取城镇职工基本养老保险待遇的人员，在用工期间因工作原因受到事故伤害或患职业病的，如招用单位已按项目参保等方式为其缴纳工伤保险费的，应适用《工伤保险条例》。

3）特殊劳动群体。

①进城务工农民。《最高人民法院行政审判庭关于超过法定退休年龄的进城务工农民因公伤亡的，应否适用〈工伤保险条例〉请示的答复》中规定，用人单位聘用的超过法定退休年龄的务工农民，在工作时间内、因工作原因伤亡的，应当适用《工伤保险条例》的有关规定进行工伤认定。

②离退休专业技术人员。为继续发挥好离退休专业技术人员特别是老专家的作用，原人事部等八部门联合印发的《关于进一步发挥离退休专业技术人员作用的意见》规定，离退休专业技术人员受聘工作期间，因工作发生职业伤害的，应由聘用单位参照工伤保险的相关待遇标准妥善处理；因工作发生职业伤害与聘用单位发生争议的，可通过民事诉讼处理；与聘用单位之间因履行聘用合同发生争议的，可通过人事或劳动争议仲裁渠道解决。

56.旧伤复发退役军人工伤保险待遇

国家对退役军人的关怀和保障从未停止，为了确保这些退役军人在旧伤复发时能够得到有效的保障，《工伤保险条例》《军人抚恤优待条例》《残疾退役军人医疗保障办法》等一系列法规、文件规定了相关的工伤保险待遇。

（1）《工伤保险条例》关于旧伤复发退役军人工伤保险待遇的规定

《工伤保险条例》第十五条规定，职工原在军队服役，因战、因公负伤致残，已取得革命伤残军人证，到用人单位后旧伤复发的，视同工伤，并且可以按照本条例的有关规定享受除一次性伤残补助金以外的工伤保险待遇。

（2）《军人抚恤优待条例》关于旧伤复发退役军人工伤保险待遇的规定

《军人抚恤优待条例》第四十四条规定，国家对一级至六级残疾军人的医疗费用按照规定予以保障，其中参加工伤保险的一级至六级残疾军人旧伤复发的医疗费用，由工伤保险基金支付。七级至十级残疾军人旧伤复发的医疗费用，已经参加工伤保险的，由工伤保险基金支付；未参加工伤保险，有工作单位的由工作单位解决，没有工作单位的由当地县级以上地方人民政府负责解决。七级至十级残疾军人旧伤复发以外的医疗费用，未参加医疗保险且本人支付有困难的，由当地县级以上地方人民政府酌情给予补助。抚恤优待对象在军队医疗卫生机构和政府举办的医疗卫生机构按照规定享受优待服务，国家鼓励社会力量举办的医疗卫生机构为抚恤优待对象就医提供优待服务。参战退役军人、残疾军人按照规定享受医疗优惠。抚恤优待对象享受医疗优待和优惠的具体办法由国务院退役军人工作主管部门和中央军事委员会后勤保障部会同国务院财政、卫生健康、医疗保障等部门规定。

（3）《残疾退役军人医疗保障办法》关于旧伤复发退役军人工伤保险待遇的规定

《残疾退役军人医疗保障办法》第九条规定，因战因公致残的残疾退役军人旧伤复发的医疗费用，参加工伤保险并依法认定为工伤的，按照《工伤保险条例》的有关规定解决。未参加工伤保险但医疗费用符合工伤保险诊疗项目目录、工伤保险药品目录、工伤保险住院服务标准的，有工作的由工作单位解决；所在单位无力支付和无工作单位的，从优抚对象医疗补助资金中解决。因战因公致残的残疾退役军人旧伤复发，由其户籍所在地设区的市级以上人民政府退役军人事务部门组织医疗卫生专家小组进行确认，医疗卫生专家小组出具旧伤复发医学鉴定意见。因战因公致残残疾退役军人取得旧伤复发医学鉴定意见后，有工作单位的依据《工伤保险条例》相关规定申请工伤认定，无工作单位的按规定申请优抚对象医疗补助。

> **拓展阅读**
>
> 《残疾退役军人医疗保障办法》印发前，残疾退役军人医疗保障工作的政策规定较为分散。一级至六级残疾退役军人的医疗保障工作主要依据民政部等三部门联合印发的《一至六级残疾军

人医疗保障办法》执行，七级至十级残疾退役军人的医疗保障工作主要依据民政部等四部门联合印发的《优抚对象医疗保障办法》执行。为更好保障残疾退役军人医疗待遇，《残疾退役军人医疗保障办法》在上述两个文件的基础上，将残疾退役军人医疗保障政策调整重塑，健全完善"保险＋救助＋补助＋优待"的医疗保障体系，以更好保障残疾退役军人合法权益。

57. 职工与用人单位发生工伤保险待遇争议的处理

职工与用人单位发生工伤保险待遇方面的争议，主要是指已参加工伤保险的用人单位未按照《工伤保险条例》规定的待遇项目和标准为工伤职工提供相关待遇而产生的争议，包括：应当由用人单位支付的医疗、护理、工资福利以及进行工作安排安置等；应当参加工伤保险而未参加的用人单位，未按照《工伤保险条例》规定的待遇项目和标准为工伤职工支付全部费用和提供相关待遇而产生的争议；工伤职工与用人单位对《工伤保险条例》规定的待遇和标准存在认识差异而产生的争议等。就法律性质而言，这类争议属于劳动争议的范畴。

根据《劳动法》和《企业劳动争议处理条例》中的相关规定，职工与用人单位发生工伤保险待遇方面争议的，可以通过以下4种途径解决。

（1）当事人协商

法律法规提倡协商解决争议，但当事人双方自行协商不是处理劳动争议的必经程序，双方当事人可以自愿进行协商，但是任何一方或者他人都不能强迫进行协商。

（2）企业内调解

当事人不愿协商或者协商不成的，可以向本企业的劳动争议调解委员会申请调解。企业劳动争议调解委员会进行的调解是群众性调解，双方当事人经调解达成协议靠当事人的自我约束来履行，不能强制执行。企业劳动争议调解委员会调解解决劳动争议，是一种有效且有利于改善争议双方当事人关系的方式，但并非解决劳动争议的必经途径，当事人可以不向企业劳动争议调解委员会申请调解，而直接申请劳动争议仲裁。当事人对调解协议反悔的，可以申请劳动争议仲裁。

（3）劳动争议仲裁委员会仲裁

由劳动争议仲裁委员会进行调解和裁决，是具有国家强制力的劳动争议处理方式。当事人可以不经协商或不经企业内调解，直接向劳动争议仲裁委员会申请仲裁。职工与用人单位发生工伤保险待遇方面的争议后，当事人应当自争议发生之日起 60 日内向劳动争议仲裁委员会提出书面申请。仲裁裁决一般应在收到仲裁申请的 60 日内作出。当事人对仲裁裁决无异议的，必须履行，一方当事人逾期不履行的，另一方当事人可以申请人民法院强制执行；当事人对仲裁裁决不服的，可以向人民法院起诉。劳动争议仲裁委员会仲裁是当事人向人民法院提起诉讼解决劳动争议前的一个必经程序，只有经过仲裁，方可向人民法院提起诉讼。

（4）诉讼

当事人对劳动争议仲裁委员会的裁决不服的，自收到裁决书之日起 15 日内可以向人民法院提起诉讼，人民法院应当受理、审理并作出判决或裁定。人民法院的审理包括一审、二审及再审程序，最终的生效判决标志着这一劳动争议案件的最终解决。

58. 未参加工伤保险的用人单位职工工伤处理

《工伤保险条例》第六十二条规定，用人单位依照本条例规定应当参加工伤保险而未参加的，由社会保险行政部门责令限期参加，补缴应当缴纳的工伤保险费，并自欠缴之日起，按日加收万分之五的滞纳金；逾期仍不缴纳的，处欠缴数额 1 倍以上 3 倍以下的罚款。依照本条例规定应当参加工伤保险而未参加工伤保险的用人单位职工发生工伤的，由该用人单位按照本条例规定的工伤保险待遇项目和标准支付费用。用人单位参加工伤保险并补缴应当缴纳的工伤保险费、滞纳金后,由工伤保险基金和用人单位依照本条例的规定支付新发生的费用。

也就是说,用人单位未参加工伤保险期间,其职工发生工伤的,要由该用人单位按照《工伤保险条例》规定的工伤保险项目和标准向工伤职工支付有关费用。这样规定,既是对未参保用人单位的一种惩罚,又不会使工伤职工因单位责任而受到实际利益损害,依法保证了工伤职工按国家规定的标准享受有关工伤保险待遇。但是,一旦用人单位参加工伤保险并补缴应当缴纳的工伤保险费、滞纳金后,则由工伤保险基金和用人单位依照《工伤保险条例》的规定支付新发生的费用。

关于参加工伤保险前发生工伤的职工,在用人单位参保后能否享受工伤保险待遇的问题,《人力资源社会保障部关于执行〈工伤保险条例〉若干问题的意见(二)》规定,《工伤保险条例》第六十二条规定的"新发生费用",是指用人单位参加工伤保险前发生工伤的职工,在参加工伤保险后新发生的费用。其中由工伤保险基金支付的费用,按不同情况予以处理:因工受伤的,支付参保后新发生的工伤医疗费、工伤康复费、住院伙食补助费、统筹地区以外就医交通食宿费、辅助器具配置费、生活护理费、一级至四级伤残职工伤残津贴,以及参保后解除劳动合同时的一次性工伤医疗补助金;因工死亡的,支付参保后新发生的符合条件的供养亲属抚恤金。

拓展阅读

工伤职工的各项费用是否由工伤保险基金支付,关键是看发生各项费用的时间与参加工伤保险的时间的关系。如果职工发生工伤时，用人单位尚未欠缴工伤保险费，但在核定工伤保险待遇时，用人单位欠缴工伤保险费的，在此种情形下，工伤保险经办机构是否对工伤职工核定工伤保险，需要看其发生费用的时间是否在用人单位欠缴工伤保险费之前，也就是发生费用的时间是否在工伤保险缴费期内。如果发生费用的时间在用人单位欠缴工伤保险费之前，那么，工伤保险经办机构应当核定该工伤职工的工伤保险待遇；反之，则不予核定。《工伤保险条例》规定，未依法缴纳工伤保险费的，由用人单位支付职工工伤保险待遇。从中可以看出，只要依法缴纳工伤保险费，就应当由工伤保险基金支付该工伤职工工伤保险待遇。

59. 被借调职工工伤处理

在现代企业管理中，职工借调已成为一种常见的用工模式，这为用人单位提供了灵活的人力资源配置方式。然而，当被借调职工在工作期间不幸遭遇工伤事故时，工伤保险责任的归属就显得尤为重要。

（1）《工伤保险条例》关于被借调职工工伤处理的规定

《工伤保险条例》第四十三条第三款规定，职工被借调期间受到工伤事故伤害的，由原用人单位承担工伤保险责任，但原用人单位与借调单位可以约定补偿办法。

（2）《最高人民法院关于审理工伤保险行政案件若干问题的规定》关于被借调职工工伤处理的规定

1）一般情况下，职工只有一个工作单位，承担工伤保险责任的用人单位是工伤发生时职工的工作单位。但在特殊情况下，工伤发生时与职工存在工作关系的单位有两个以上，为确定承担工伤保险责任的用人单位，《最高人民法院关于审理工伤保险行政案件若干问题的规定》第三条规定，社会保险行政部门认定下列单位为承担工伤保险责任单位的，人民法院应予支持：

①职工与两个或两个以上单位建立劳动关系，工伤事故发生时，职工为之工作的单位为承担工伤保险责任的单位；

②劳务派遣单位派遣的职工在用工单位工作期间因工伤亡的，派遣单位为承担工伤保险责任的单位；

③单位指派到其他单位工作的职工因工伤亡的，指派单位为承担工伤保险责任的单位；

④用工单位违反法律法规规定将承包业务转包给不具备用工主体资格的组织或者自然人，该组织或者自然人聘用的职工从事承包业务时因工伤亡的，用工单位为承担工伤保险责任的单位；

⑤个人挂靠其他单位对外经营，其聘用的人员因工伤亡的，被挂靠单位为承担工伤保险责任的单位。

2)《最高人民法院关于审理工伤保险行政案件若干问题的规定》第四条规定，社会保险行政部门认定下列情形为工伤的，人民法院应予支持：

①职工在工作时间和工作场所内受到伤害，用人单位或者社会保险行政部门没有证据证明是非工作原因导致的；

②职工参加用人单位组织或者受用人单位指派参加其他单位组织的活动受到伤害的；

③在工作时间内，职工来往于多个与其工作职责相关的工作场所

之间的合理区域因工受到伤害的；

④其他与履行工作职责相关，在工作时间及合理区域内受到伤害的。

疑难解答

《工伤保险条例》之所以作出第四十三条第三款规定，主要基于以下考虑：

（1）被借调职工的劳动关系在原用人单位，原用人单位自然应当承担缴纳工伤保险费等工伤保险责任；

（2）被借调职工的工资、履历等与工伤保险有关的档案资料，一般应由原用人单位保管，并不在借调单位之间转移，借调单位对被借调职工的有关情况并不清楚。

现实生活中就曾发生借调单位以被借调职工不是本单位职工

为由拒绝承担工伤保险责任的事件，当双方发生争议时，不仅不利于当事人提供证据，也不利于对纠纷的调查取证和及时处理。因此，为了更好地保障职工的工伤保险权益，在总结实践经验的基础上，《工伤保险条例》规定由原用人单位对被借调职工承担工伤保险责任。同时，职工毕竟是在借调期间发生的工伤事故，为了公平起见，原用人单位可以在借调前或事后与借调单位就被借调职工的工伤保险问题签订协议，在原用人单位承担了被借调职工的工伤保险责任后，可以按照协议约定要求借调单位给予补偿。

60. 骗取工伤保险待遇及骗取工伤保险基金支出的法律责任

骗取工伤保险待遇及骗取工伤保险基金支出的行为不仅会面临经济上的处罚，还可能涉及刑事责任，必须依法严惩，以维护工伤保险基金的安全性和制度的公平性。

《工伤保险条例》第六十条规定，用人单位、工伤职工或者其近亲属骗取工伤保险待遇，医疗机构、辅助器具配置机构骗取工伤保险基金支出的，由社会保险行政部门责令退还，处骗取金额2倍以上5倍以下的罚款；情节严重，构成犯罪的，依法追究刑事责任。

《中华人民共和国刑法》第二百六十六条规定，诈骗公私财物，数额较大的，处三年以下有期徒刑、拘役或者管制，并处或者单处罚金；数额巨大或者有其他严重情节的，处三年以上十年以下有期徒刑，并处罚金；数额特别巨大或者有其他特别严重情节的，处十年以上有期徒刑或者无期徒刑，并处罚金或者没收财产。本法另有规定的，依照规定。

《全国人民代表大会常务委员会关于〈中华人民共和国刑法〉第二百六十六条的解释》规定，以欺诈、伪造证明材料或者其他手段骗取养老、医疗、工伤、失业、生育等社会保险金或者其他社会保障待遇的，属于刑法第二百六十六条规定的诈骗公私财物的行为。

此外，《中华人民共和国刑法修正案（九）》规定，将刑法第二百八十条修改为："伪造、变造、买卖或者盗窃、抢夺、毁灭国家机关的公文、证件、印章的，处三年以下有期徒刑、拘役、管制或者剥夺政治权利，并处罚金；情节严重的，处三年以上十年以下有期徒刑，并处罚金。""伪造公司、企业、事业单位、人民团体的印章的，处三年以下有期徒刑、拘役、管制或者剥夺政治权利，并处罚金。""伪造、变造、买卖居民身份证、护照、社会保障卡、驾驶证等依法可以用于证明身份的证件的，处三年以下有期徒刑、拘役、管制或者剥夺政治权利，并处罚金；情节严重的，处三年以上七年以下有期徒刑，并处罚金。"

《中华人民共和国刑法修正案（九）》还规定，在刑法第二百八十条后增加一条作为第二百八十条之一："在依照国家规定应当提供身份证明的活动中，使用伪造、变造的或者盗用他人的居民身份证、护照、社会保障卡、驾驶证等依法可以用于证明身份的证件，情节严重的，处拘役或者管制，并处或者单处罚金。""有前款行为，同时构成其他犯罪的，依照处罚较重的规定定罪处罚。"

 拓展阅读

工伤保险骗保案例

(1) 广州市海珠区查处虚构劳动关系办理单项参保行为

2024年1月,广州市海珠区人力资源和社会保障局通过核查参保人举报线索,发现某人力资源服务公司通过"假外包、真挂靠",将其他公司的全日制职工虚构为本公司非全日制职工,签订虚假用工协议,违规办理单项参加工伤保险。目前,该公司已被当地人力资源和社会保障部门立案查处,并退回骗取的工伤保险待遇。

(2) 广州市越秀区何某伪造其父健在证明材料骗取工伤保险待遇

广州市越秀区社保中心核查发现,何某父亲于2014年8月发生工伤,从2017年2月起按月领取工伤保险待遇,2019年3月20日死亡。通过异地医疗机构协查确认,2019年4月至2022年2月,何某伪造其父就医病历等材料,办理工伤保险待遇资格认证手续,冒领其父定期工伤保险待遇,骗取待遇金额合计38.78万元。2023年6月12日,广州市越秀区人民法院判决:何某犯诈骗罪,判处有期徒刑4年6个月,并处罚金人民币1万元,同时责令其退赔涉案款项38.78万元。